Sterne und Steine

Barbara Newerla

Sterne und Steine

mit Fotos von
Wolfgang Dengler

IM OSTERHOLZ
VERLAG GMBH

1 2 3 4 5 6 7 8 9 10 05 04 03 02 01 00 99 98 97

Sterne und Steine
Barbara Newerla
mit Fotos von Wolfgang Dengler

Im Osterholz 1, 71636 Ludwigsburg

Titelgestaltung: Monika Siegmund, Köln

Gesetzt aus der Linotype Minion
von Dragon Design, England

Gesamtherstellung:
Fuldaer Verlagsanstalt GmbH, Fulda

ISBN 3-9804503-4-1

Im Osterholz Verlag GmbH
Im Osterholz 1
71636 Ludwigsburg

Widmung

Dieses Buch ist all jenen gewidmet, die mir auf meinem Lebensweg begegneten und mich dadurch lehrten, inspirierten und wachsen ließen, ganz besonders aber meinen Eltern:

Meinem Vater, der mir mit seinem Engagement für Freiheit, Gerechtigkeit und eine bessere Welt ein Vorbild war, und meiner Mutter, die mir, durch alle Höhen und Tiefen des Lebens, immer eine Vertraute, Freundin und Weggefährtin gewesen ist.

Inhalt

1. Teil: Grundlagen

2. Teil: Sterne und Steine

3.Teil: Anwendungen

Anhang

Vorwort

Jeder Mensch hat die Fähigkeit, sich an die Quelle allen Seins, die die Quelle aller Weisheit und Schöpferkraft ist, anzuschließen, wenn er sein Herz öffnet und sein Tun dem Wohl aller Lebewesen weiht. Jeder Mensch ist kreativ. In jedes Gefäß, das sich öffnet, fließt etwas ein und etwas aus. Die Form, in der es ausfließt, ist so verschieden wie Menschen sind.

Jeder Mensch hat die Fähigkeit zu Wachstum und Erkenntnis, und jeder Mensch trägt Verantwortung für sich und das Ganze, weil er Bewußtsein besitzt. Er hat die Möglichkeit und das Recht, die Form seines Ausdrucks im Bewußtsein dieser Verantwortung frei zu wählen, und wie auch immer sie sein mag, ist sie doch Ausdruck der einen "göttlichen" Schöpferkraft. Niemand sollte sich besser dünken als ein anderer. Der erfolgreiche Geschäftsmann oder der bekannte Künstler ist nicht wertvoller und bedeutender als die Mutter, die "nur" ihre Kinder großzieht, oder der Arbeiter in der Fabrik. Dies sind Werte unseres momentanen Gesellschaftssystems und genausowenig, wie dieses von Dauer sein wird, sind sie es. Was letztlich zählt, ist, "wie" wir die Dinge getan haben, die wir uns zur Aufgabe in diesem Leben gewählt haben, nicht so sehr, "was" wir getan haben und ob es den gängigen Normen und Wertmaßstäben entspricht.

Hast Du das getan, was Dein ursprüngliches Ziel war, als Du hierher kamst, und mit wieviel Liebe, Freude, Aufmerksamkeit, Hingabe und Begeisterung hast Du Dein Leben gelebt? Das ist die Frage, die unser innerer Richter uns am Ende stellen wird.

Wir sollten uns selbst wieder mehr Achtung und Wertschätzung entgegenbringen, indem wir tun, was wir uns vorgenommen haben, unser höchstes ursprüngliches Ziel herausfinden und es zum Wohle aller Lebewesen auf diesem Planeten und im Universum verwirklichen.

Wir sollten uns gegenseitig wieder mehr Achtung und Wertschätzung entgegenbringen, indem wir sehen und begreifen, was jeder Einzelne mit seiner einzigartigen und unvergleichlichen Art zum Ganzen beiträgt, unabhängig von den Normen und Wertmaßstäben eines Systems, das uns und unseren Planeten offensichtlich an den Rand der Vernichtung gebracht hat.

Dies ist eine der grundlegendsten Botschaften des Tierkreises in seiner Form als Kreis. Viele weitere werden sich Ihnen hoffentlich im Laufe dieses Buches enthüllen.

Viel Vergnügen!

Einleitung

Mein Wissen um die heilenden Eigenschaften der Edelsteine stammt hauptsächlich aus zwei Quellen. Am Anfang faszinierten mich vor allem die mannigfaltigen Formen und Farben dieser “Schätze der Erde”, bis ich dann, vor allem durch meinen langjährigen Freund Michael Gienger, begann, mich mit den Wirkungsweisen der einzelnen Steine näher zu beschäftigen. Mein “sensibles” Naturell machte es mir leicht, viele persönliche Erfahrungen zu sammeln, und so hatte ich lange Zeit einen vor allem intuitiven Zugang. Wenn mir etwas fehlte, griff ich einfach zu einem Stein aus meiner Sammlung, der mich gerade anzog, und wußte, es würde der richtige für meine momentane Situation sein. In gewisser Weise ist es so bis heute geblieben, obwohl ich irgendwann auch den Wunsch verspürte, meine Erfahrungen mehr rational erfassen zu können, und begann, mich mit den Hintergründen der Wirkungsweise von Edelsteinen zu beschäftigen. So ist mein zweites Standbein, wie ich es nennen möchte, die “Analytische Steinheilkunde”, die Michael Gienger entwickelt und begründet hat. Ihm kommt der große Verdienst zu, dieses alte Wissen umfassend, für jeden verständlich und in einer, auch für ein “modernes”, naturwissenschaftliches Denken nachvollziehbaren Form, wieder zugänglich gemacht zu haben.

Die analytische Steinheilkunde beschreibt die Wirkung von Heiledelsteinen aufgrund ihrer Entstehungsgeschichte, mineralogischen Zusammensetzung, Farbe und Kristallstruktur. Damit haben wir die Möglichkeit, unser Erfahrungswissen mit Hilfe bekannter naturwissenschaftlicher Gesetzmäßigkeiten zu überprüfen, subjektive, ganz persönliche Erfahrungen auf objektive, allgemeingültige Grundprinzipien zurückzuführen und beides besser zu unterscheiden. Denn jeder Stein hat eigentlich zwei Ebenen, auf denen er wirkt: Zum einen eine “objektive”, grundlegende, die für jeden Gültigkeit hat, der mit ihm in Kontakt kommt. Zum anderen eine “persönliche” Ebene, durch die sich die Erfahrungen, die ein einzelner Mensch mit einem bestimmten Stein macht, entsprechend seinem Charakter, Lebensumständen, momentaner Situation usw., ausdrücken.

Dadurch kommen auch die in der gängigen Literatur zum Teil gravierenden Unterschiede in der Beschreibung von Steinen zustande. Das wenigste davon ist “falsch” oder “richtig”, nur ist es oft schwer, wenn man kein geeignetes Handwerkszeug zur Verfügung hat, zwischen “subjektiver Erfahrung” und “objektiven Wirkungsprinzipien” zu trennen.

Damit möchte ich die subjektive Erfahrung auf keinen Fall abwerten, denn sie ist letztlich das, was für den einzelnen dann zur Heilung werden kann, doch sollte man sie nicht unbedingt verallgemeinern.

Auch mein astrologisches Wissen steht auf diesen zwei "Beinen": viele Jahre der Erfahrung, der Beobachtung von Menschen und Situationen, "eigene" Erkenntnisse auf meinem spirituellen Weg, verbunden mit einem langjährigen Studium verschiedener Techniken, Ansätze und Richtungen der Astrologie und Astronomie.

So meine ich, brauchen wir immer beides: Intuition und gesunden Menschenverstand, Denken und Handeln, spontanes Erkennen und diszipliniertes Erarbeiten der Hintergründe, Naturwissenschaft und Erfahrungswissen. Denn auf einem Bein steht man nicht gut, und die beiden Seiten einer Münze sind untrennbar miteinander verbunden – auch, wenn wir die jeweils andere Seite vielleicht gerade nicht sehen können oder wollen.

1. Teil: Grundlagen

Grundlagen der Steinheilkunde

Im Rahmen dieses Buches und seiner speziellen Thematik können nicht immer alle Aspekte der Wirkung eines Steins beschrieben werden. In Verbindung mit den Qualitäten des Tierkreiszeichens, dem der jeweilige Stein zugeordnet ist, werden in der Beschreibung spezielle Wirkungsweisen besonders hervorgehoben, um den Zusammenhang mit dem jeweiligen Zeichen zu verdeutlichen.

Wer sich weitergehend für einzelne Steine oder die Prinzipien der Steinheilkunde interessiert, dem sei das Buch "Die Steinheilkunde" von Michael Gienger empfohlen. Dort werden alle grundlegenden Wirkungsprinzipien, auf die hier nur kurz hingewiesen werden kann, ausführlich und allgemeinverständlich erklärt und die Wirkungen aller gebräuchlichen Heilsteine, auf spiritueller, mentaler, seelischer und körperlicher Ebene, erläutert.

Zum besseren Verständnis möchte ich im folgenden trotzdem einige Grundbegriffe der Mineralogie und der analytischen Steinheilkunde kurz darstellen, auf die ich mich, in den Beschreibungen der Dekadensteine, immer wieder beziehen werde.

Die Heilwirkung von Steinen

Worauf begründet sich die Wirkung von Steinen? "Vor allem muß man daran glauben", höre ich immer wieder von Skeptikern, die meinen, daß "tote Materie" auf uns Menschen doch keinerlei Wirkung haben könne. Weit gefehlt. Nicht nur die Naturwissenschaft, aber inzwischen auch sie, hat längst bewiesen, daß fast alles auf dieser Welt in Wechselwirkung steht, denn im Grunde ist alles Schwingung. Alles, was man sehen, hören, irgendwie wahrnehmen kann, auch das, was einem durch die physischen Sinne als "feste Materie" erscheint, sind Schwingungen verschiedener Frequenzen.

Schwingungen haben nun die Eigenschaft, miteinander in "Resonanz" treten zu können, d.h. ein schwingender "Körper" kann einen anderen, der von seinem Aufbau her dazu geeignet ist, anregen, auf dieselbe Art mitzuschwingen. Auf diesem Resonanzphänomen beruht die Wirkung von Steinen, aber nicht nur von "Edel"- oder "Heil"-Steinen, sondern auch von Gesteinen, dem "Boden unter unseren Füßen", von Wasseradern oder allem anderen, was einen umgibt.

Jeder Stein hat also eine ganz spezielle Art zu schwingen, die sich aus den verschiedenen Komponenten, die in den folgenden Kapiteln erläutert werden, zusammensetzt. Diese Schwingung entspricht nun verschiedenen Krankheitsbildern, körperlicher oder seelisch-geistiger Natur. Im Grunde entspricht sie eigentlich dem "Gesundheitsbild" zu einem bestimmten Krankheitsbild und erinnert den Körper dadurch an seinen "heilen" Zustand, indem sie ihn durch Resonanz zum Mitschwingen bringt. Dann wird man mit Hilfe eines Steins gesund.

Die Wirkungsprinzipien

1. Innerer Aufbau

Entstehungsgeschichte

Ein Stein ist das perfekte Abbild seiner Entstehungsgeschichte. Die Umstände seiner Bildung bleiben in ihm gespeichert und teilen sich seiner Umgebung als Teil seiner "Ausstrahlung", seiner besonderen Schwingung, mit.

Primäre Entstehung: Mineralien können direkt aus dem Magma oder magmatischen Lösungen entstehen.

Primärmineralien fördern dann Lernprozesse und helfen, das innere Potential entsprechend der eigenen Veranlagung zu entwickeln und zu entfalten.

Sekundäre Entstehung: Wenn durch Verwitterung bereits bestehendes Gestein abgetragen wird, bilden die freigesetzten Mineralstoffe in anderer Zusammensetzung neue Mineralien.

Sekundärmineralien machen dem Menschen die Ursachen geistiger, körperlicher und seelischer Muster und Prägungen bewußt, helfen, sie aufzulösen und sich neu zu orientieren. Sie helfen, innere Bedürfnisse besser mit den Anforderungen der Umwelt in Einklang zu bringen.

Tertiäre oder metamorphe Entstehung: Wenn bestehendes Gestein durch Bewegungen der Erdkruste wieder unter Druck und Hitze gerät, beginnt es, sich innerlich umzustrukturieren und zu verwandeln. Neue Mineralien entstehen aus denselben Stoffen in veränderter Zusammensetzung und innerer Struktur.

Tertiärmineralien regen also innere Verwandlungsprozesse hin zu einem erfüllteren, sinnvollen Leben an. Sie helfen dem Menschen, sein wahres inneres Wesen zu erkennen und zu leben.

Chemische Zusammensetzung

Die meisten Mineralien bestehen aus zwei verschiedenen Komponenten: einem metallischen und einem nichtmetallischen Anteil. Der nichtmetallische Anteil bestimmt dabei die Zugehörigkeit zu einer Mineralklasse. Die chemischen Eigenschaften der dabei beteiligten Elemente lassen sich auf menschliches Erleben übertragen und definieren so die Grundeigenschaften aller Steine einer Mineralklasse:

Natürliche Elemente (bestehend aus einem Mineralstoff) fördern die Entdeckung des wahren inneren Wesens und helfen, zu vereinfachen und zu vereinheitlichen.
Sulfide (Schwefel-Abkömmlinge) helfen, Verborgenes aufzudecken und Unklarheiten zu beseitigen.
Halogenide (Abkömmlinge vor allem der Fluß- und der Salzsäure) wirken auflösend und helfen, sich von Verhaftungen zu befreien.
Oxide (Sauerstoff-Abkömmlinge) wirken umwandelnd und überführen instabile in stabile Zustände.
Carbonate (Abkömmlinge der Kohlensäure) wirken stabilisierend und harmonisieren Entwicklungsprozesse.
Phosphate (Abkömmlinge der Phosphorsäure) setzen Energiereserven frei und fördern das Wachstum.
Sulfate (Abkömmlinge der Schwefelsäure) wirken hemmend und sind deshalb als Heilsteine hauptsächlich in Notfällen in Gebrauch.
Silikate (Abkömmlinge der Kieselsäure): ***Inselsilikate*** fördern die Widerstandskraft und die Individualität, ***Gruppen- und Kettensilikate*** regen den Energiefluß und die Geschwindigkeit von Heilprozessen an, ***Ringsilikate*** sind entweder sehr gute Leiter (geordnete Ringe) oder stark absorbierend (ungeordnete Ringe), ***Schichtsilikate*** stärken die Abgrenzung, ***Gerüstsilikate*** wirken wie ein Filter, der Bestimmtes aufnimmt und anderes reflektiert.

Der metallische Anteil differenziert nun die einzelnen Minerale weiter: Die enthaltenen Metalle und Spurenelemente bestimmen meist die Farbe eines Steins und die speziellen Eigenschaften seiner Heilwirkung[1]. Dabei spielen Menge und Verteilung dieser Stoffe eine ausschlaggebende Rolle für die Ebene, auf der sie wirken:

Ein ***häufiger*** Bestandteil ist im Mineral in solchen Mengen vorhanden, daß er Teil der chemischen Formel ist. Seine Wirkung drückt sich hauptsächlich über die ***körperliche Ebene*** aus.

[1] Zur genauen Wirkung der einzelnen Mineralstoffe siehe Michael Gienger, "Die Steinheilkunde", Neue Erde GmbH 1995

Ein ***geringer*** Bestandteil zählt nicht mehr zur Formel, wird aber zusätzlich dazu angegeben, hier im Buch unter der Rubrik Spurenbestandteile. Er wirkt hauptsächlich über den ***seelischen Bereich.***

Ein ***Spurenbestandteil*** ist in so geringen Mengen enthalten, daß er kaum mehr nachgewiesen werden kann. Er wird hier unter der Rubrik Spurenbestandteile in Klammern angegeben und wirkt über die ***geistige Ebene,*** ähnlich dem Prinzip der Homöopathie.

Kristallsysteme

In ihrer inneren Struktur verkörpern die Mineralien perfekte geometrische Grundmuster. Diese Grundmuster können bestimmten menschlichen Charakterbildern und geistigen Strukturen gleichgesetzt werden. Diese drücken sich wiederum in der charakteristischen Art und Weise aus, wie man sein Leben führt und gestaltet.

Die Kristallsysteme basieren auf einem Ordnungsprinzip, das sich anhand der Anzahl der Symmetrieachsen und der Regelmäßigkeit ihrer Winkelstellung zueinander darstellen läßt. So entwickeln sie sich vom amorphen Kristallsystem, ohne jegliche Symmetrie, völlig ungeordnet, zu einem Zustand perfekter Ordnung, dargestellt im kubischen Kristallsystem, dessen Grundstruktur das Quadrat oder der Würfel ist.

Steine mit einem bestimmten Kristallsystem wirken durch das Resonanzprinzip also besonders stark auf einen entsprechenden Menschentypus, der in der Art seiner Lebensführung zum Ausdruck kommt:

Das ***amorphe*** Kristallsystem (ohne Symmetrie) entspricht einem unkonventionellen, spontanen, in seinem Ausdruck nicht festgelegten Lebensstil, der sich an momentanen Einfällen und Impulsen orientiert.

Das ***trikline*** Kristallsystem (Grundform Trapez) entspricht einem sprunghaften und unberechenbaren Lebensstil, von meist unvorhersehbaren Zufällen, Stimmungen und Emotionen bestimmt.

Das ***monokline*** Kristallsystem (Grundform Parallelogramm) entspricht einem sich ständig verändernden, sich in regelmäßigen Zyklen von Auf und Ab schnell entwickelnden, dynamischen Lebensstil.

Das ***rhombische*** Kristallsystem (Grundform Raute) entspricht einem ruhigen, angepaßten, jedoch von plötzlichen, oft radikalen Veränderungen bestimmten Lebensstil.

Das ***tetragonale*** Kristallsystem (Grundform Rechteck) entspricht einem ungeduldigen, forschenden, neugierigen und nur "scheinbar" geregelten Lebensstil.

Das ***trigonale*** Kristallsystem (Grundform Dreieck) entspricht einem einfachen, in sich ruhenden, zufriedenen, bequemen und geduldigen Lebensstil.

Das ***hexagonale*** Kristallsystem (Grundform Sechseck) entspricht einem zielstrebigen, ehrgeizigen, leistungsorientierten, konsequenten und ausdauernden Lebensstil.
Das ***kubische*** Kristallsystem (Grundform Quadrat) entspricht einem stark strukturierten, geregelten, geplanten, gesicherten und geordneten Lebensstil.

2. Äußere Erscheinung

Da sich der innere Aufbau eines Steins, seine chemische Zusammensetzung, seine Entstehung und sein Kristallsystem in seiner äußeren Erscheinung, seiner Farbe, Form und Struktur perfekt widerspiegelt, kann man auch durch sie schon eine Menge über seine grundlegende Wirkungsweise erfahren. Seine Erscheinungsweise zeigt das "Gesamtbild" seiner charakteristischen Schwingung, die sich aus den oben beschriebenen einzelnen Komponenten zusammensetzt.

Farbe

Die chemische Zusammensetzung eines Steins drückt sich auch in seiner Farbe aus, da Mineralstoffe und Spurenelemente hauptsächlich für sie verantwortlich sind. Einzelne geladene Teilchen eines bestimmten Stoffs verursachen Störungen im Kristallgitter, sogenannte Farbzentren, durch die dann ein Teil des Lichts absorbiert und der andere als sichtbare Farbe reflektiert wird.

Schwarze Mineralien wirken absorbierend, ziehen Energieüberschüsse ab, helfen, Blockaden und daraus entstandene Schmerzen aufzulösen, machen widerstandsfähig und unterstützen die Konzentrationsfähigkeit.

Rote Mineralien wirken anregend und beschleunigend auf alle Lebensprozesse. Sie aktivieren körperliche, seelische und geistige Energien und intensivieren das Erleben.

Orange Mineralien wirken kräftigend und belebend, fördern die Lebensfreude, Spontanität und Kreativität, das Harmonieempfinden und das innere Gleichgewicht.

Gelbe und goldfarbene Mineralien schenken Glück, Sorglosigkeit und Tatkraft, Selbstbewußtsein und den Glauben an den eigenen Erfolg.

Grüne Mineralien wirken ausgleichend und intensivieren das emotionale Erleben. Sie fördern die Entgiftung und regen die Bilderwelt an, bringen Lebenswillen und einen gesunden Optimismus.

Blaue Mineralien wirken entspannend, kühlend und beruhigend. Sie fördern Offenheit und Ehrlichkeit, das Streben nach Wahrheit und Erkenntnis und helfen, Altes hinter sich zu lassen.

Violette Mineralien fördern geistige Ruhe und Gelassenheit und somit die Bewußtheit. Sie bringen geistige Freiheit und Selbsterkenntnis.

Rosa Mineralien fördern den Frieden, bringen Empfindsamkeit, Hingabe, Mitgefühl und Durchlässigkeit.

Klare oder weiße Mineralien fördern die Neutralität, Klarheit und Reinheit und verstärken das Vorhandene. Sie symbolisieren Vollkommenheit und Schöpferkraft, die alle Möglichkeiten in sich trägt und alles verwirklichen kann.

Form und Signatur

In seiner Form und speziellen Zeichnung kommt ebenfalls das "Innenleben" eines Steins in äußerlich sichtbarer Weise zum Ausdruck. So zeichnen z.B. Achate in ihrer Bänderung häufig die Form von bestimmten Organen, auf die sie dann besonders wirken. Dies nennt man die "Signatur" eines Steins, was eigentlich übersetzt "Kennzeichen" bedeutet.

Ebenso kann eine besondere Form, sei sie nun natürlichen Ursprungs oder von Menschenhand geschaffen, die Wirkung eines Steins auf ein bestimmtes Organ oder ein spezielles Problem verstärken, wenn sie "stimmig" ist und seinem Wesen entspricht. Ein herzförmiger Aventurin z.B. wird seine Wirkung auf das Herz durch diese Form stärker entfalten, wobei meiner Meinung nach natürlich gewachsene Formen, wenn möglich, vorzuziehen sind, da sie von sich aus das innere Wesen eines speziellen Steins sichtbar machen.

Beim Diamanten wiederum, der im Rohzustand eher unscheinbar ist, kommen seine Qualitäten, sein Funkeln und sein inneres Feuer erst durch den richtigen Schliff zur Geltung.

Hiermit sind nun die wichtigsten Komponenten beschrieben, aufgrund derer es für jeden möglich ist, sich die Wirkung eines speziellen Steins "analytisch" zu erarbeiten oder eigene Erfahrungen zu überprüfen. Für die Zuordnung der Steine zu den Tierkreiszeichen ergeben sich gerade aus dieser detaillierten Betrachtung viele interessante Parallelen, die ich auch versucht habe, in den

Beschreibungen der einzelnen Steine darzustellen. Dabei erhebe ich keinen Anspruch auf Vollständigkeit, das hätte den Rahmen dieses Buches bei weitem gesprengt – und auch ich entdecke täglich immer noch Neues.

Allerdings sollte man dabei auch nicht vergessen, daß es immer noch viele Dinge gibt, die wir nicht wissen. So bleibt jeder Stein trotz allem ein Individuum, einzigartig in seiner Art, und man sollte sich dem Geschenk, das er zu geben hat, öffnen, auch wenn man es vielleicht mit dem Verstand nicht sofort erfassen kann.

Grundlagen der Astrologie

Die Astrologie

Die Astrologie ist ein jahrtausendealtes Symbolsystem. Die ältesten Aufzeichnungen über Astronomie und Astrologie finden sich schon in den 5-6000 Jahre alten Bibliotheken Babyloniens, Sumers und Ägyptens, welche die ältesten uns bekannten und erhalten gebliebenen Zeugnisse menschlicher Zivilisation und Kultur darstellen.

Das astrologische Verständnis vom Leben beruht auf dem Wissen und der Beobachtung, daß alle Dinge im Universum miteinander verbunden sind. Das Große findet sich im Kleinen, das Kleine im Großen wieder, da alles Existierende nach denselben Gesetzmäßigkeiten und Prinzipien aufgebaut ist. Betrachtet man zum Beispiel das Atom als Grundbaustein der Materie, so findet man in seinem Aufbau im Kleinen das Ebenbild der Sonnensysteme, der Galaxien oder des Kosmos wieder. Das eine findet seine Entsprechung im anderen, und so wird auch verständlich, warum sich die Persönlichkeit und das Leben des einzelnen Menschen im Lauf der Gestirne und der Geschehnisse am Himmel widerspiegeln.

So geht es auch nicht darum, daß die Sterne an sich das Leben und das Schicksal der Menschen bestimmen, man kann sie vielmehr als die Zeiger einer kosmischen Uhr betrachten, die besondere Qualitäten eines Zeitpunkts anzeigen und damit auch, welche Potentiale in einem Menschen angelegt sind, der zu genau diesem Zeitpunkt geboren wurde.

So beruht die astrologische Deutung auf der Stellung der zehn Planeten unseres Sonnensystems vor dem Hintergrund des Tierkreises und des Häusersystems sowie den Winkelbeziehungen dieser Planeten zueinander, den sogenannten "Aspekten". Dies alles wird von der Erde aus betrachtet, d.h., man stellt die menschliche Lebenserfahrung auf unserem Heimatplaneten ins Zentrum des Interesses.

Für die Zuordnung der Edelsteine sind für dieses Buch vor allem der Tierkreis und die Planeten, einschließlich der Sonne, von Bedeutung, deren Qualitäten ich im folgenden kurz beschreiben möchte.

Der Tierkreis

Geschichte und Bedeutung

Der europäische Tierkreis, wie man ihn heute kennt, stammt ursprünglich aus Sumer und markiert zwölf Zeitabschnitte des Jahres, in denen die Sonne, von der Erde aus gesehen, jeweils 1/12 des gesamten Kreises zurücklegt. Aus diesem Grund sind auch nicht alle Tierkreiszeichen gleich lang, da die Geschwindigkeit der Sonne zu verschiedenen Jahreszeiten unterschiedlich ist. Diesen Abschnitten wurden die Namen der Sternbilder gegeben, vor deren "Himmelshintergrund" sie zu dieser Jahreszeit zu stehen schien. Nach heutiger Auffassung leiten sich allerdings die Bedeutungen der Tierkreiszeichen nicht hauptsächlich von der Wirkung dieser Sternbilder ab, sondern entsprechen vor allem dem immer wiederkehrenden menschlichen Erleben innerhalb des Naturgeschehens im Jahreslauf.

Im Jahreslauf, und somit in der Abfolge der Tierkreiszeichen, spiegeln sich die ewigen natürlichen Kreisläufe von Werden und Vergehen, denen unser Leben unterworfen ist. So stellt der Tierkreis mit seinen zwölf Zeichen vor allem auch die zwölf Phasen einer Entwicklung dar: von der Geburt über den Tod und die Vergeistigung des Materiellen hin zu einer neuen Geburt.

Der Tierkreis ist für sich allein als symbolische Darstellung einer umfassenden Wahrheit, der Gesetzmäßigkeiten des Lebens in all seinen Erscheinungsformen, zu verstehen. Er diente der Überlieferung eines alten Wissens um die größeren Zusammenhänge von Mensch, Natur und Kosmos.

In der heutigen Astrologie dient er natürlich vor allem der Deutung des Lebens und persönlichen Schicksals eines einzelnen Menschen. Jeder steht, entsprechend der Stellung seiner Planeten in den Tierkreiszeichen, an einem bestimmten Punkt der Entwicklung – für sich persönlich sowie als Teil der ganzen Menschheit und des gesamten Kosmos.

Der Aufbau des Tierkreises

Die zwölffache Unterteilung des Kreises in einzelne "Entwicklungsphasen", also die Tierkreiszeichen, ist nicht willkürlich gewählt. Die 12 ist eine alte Zahl mit einer besonderen Bedeutung, und so gab es vor nicht allzulanger Zeit noch das "Dutzend" als eigenständige Maßeinheit.

Die Zwölfzahl der Tierkreiszeichen entsteht durch eine Kombination der 4 Elemente Feuer, Erde, Luft und Wasser mit den 3 Modalitäten Kardinal, Fix und Veränderlich (4 x 3 = 12).

Die Elemente / Die Vier

Die Elemente stellen die Grundbausteine aller Materie dar. Für die griechischen Philosophen und die Alchemisten des Mittelalters bestanden alle Dinge dieser Welt aus einem unterschiedlichen Mischungsverhältnis dieser Elemente. So entspricht auch die Grundcharakteristik jedes Tierkreiszeichens einem der Elemente:

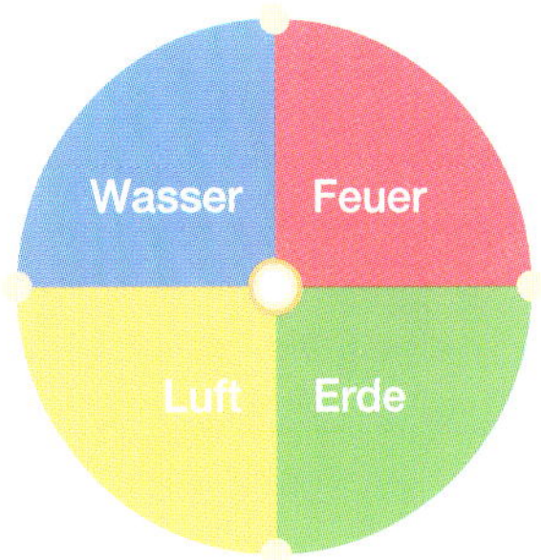

Feuer: Das Element Feuer steht für Licht und Energie und bringt Erkenntnis hervor. Es stellt den geistigen Aspekt des Lebens dar. Die Feuerzeichen sind enthusiastisch, begeisterungsfähig, lebendig und dynamisch. Sie bringen ihre Individualität sehr ehrlich und direkt zum Ausdruck und handeln spontan. Die Tierkreiszeichen Widder, Löwe und Schütze sind dem Feuerelement zugeordnet und bringen seine Qualitäten zum Ausdruck.

Erde: Dem Element Erde entspricht alles Feste, der materielle Aspekt des Lebens, Form und Struktur. Ihm sind die physischen Sinne zugeordnet. Erdzeichen sind geduldig und diszipliniert und können große Ausdauer und Beharrlichkeit im Erreichen ihrer Ziele an den Tag legen. Sie sind sehr realitäts- und sicherheitsbewußt und meist äußerst zuverlässig. Die Tierkreiszeichen Steinbock, Stier und Jungfrau sind dem Erdelement zugeordnet und bringen seine Qualitäten zum Ausdruck.

Luft: Das Element Luft entspricht der Welt der Gedanken und Ideen, dem Intellekt. Es steht für Freiheit, Ungebundenheit und Flexibilität. Luftzeichen sind verstandesbetont, erfinderisch, beweglich und unabhängig. Sie streben danach, verschiedenste Aspekte des Lebens miteinander zu verbinden. In ihren Betrachtungen sind sie meist sehr neutral und objektiv. Die Tierkreiszeichen Waage, Wassermann und Zwillinge sind dem Luftelement zugeordnet und bringen seine Qualitäten zum Ausdruck.

Wasser: Das Element Wasser steht für den seelischen oder Gefühlsaspekt des Lebens, für Wachstum und Fruchtbarkeit. Ihm wird die Psyche oder das

Unterbewußtsein zugeordnet. Es hat selbst keine Form, aber paßt sich jeder Form an. Daher symbolisiert es Anpassungsfähigkeit und Hingabe. Wasserzeichen sind sehr empfänglich für äußere Einflüsse, intuitiv in ihrem Denken und Handeln und mit einer großen Phantasie begabt. Die Tierkreiszeichen Krebs, Skorpion und Fische sind dem Wasserelement zugeordnet und bringen seine Qualitäten zum Ausdruck

Die Modalitäten / Die Drei

Damit etwas Lebendiges entstehen kann, muß nun zur materiellen Grundlage der Elemente noch eine schöpferische, geistige Dimension hinzukommen. Sie wird symbolisiert durch die drei Modalitäten Kardinal, Fix und Veränderlich.

Alle schöpferischen Prozesse beruhen auf 3 Aspekten: erschaffen, erhalten und beenden. So treten auch die meisten Gottheiten in 3 Aspekten auf: als Vater, Sohn und Heiliger Geist; in archaischen Kulturen als die weiße, rote und schwarze Göttin oder im Hinduismus als Brahma (Erschaffer), Vishnu (Erhalter) und Shiva (Zerstörer).

Damit drückt jedes Tierkreiszeichen in Verbindung mit seiner Elementequalität noch die Qualität einer der Modalitäten aus:

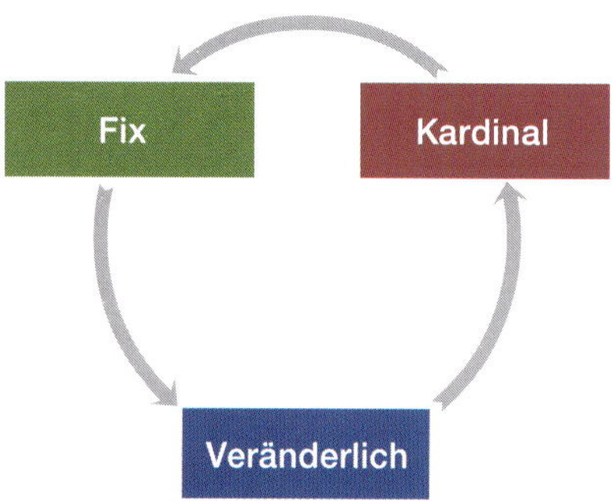

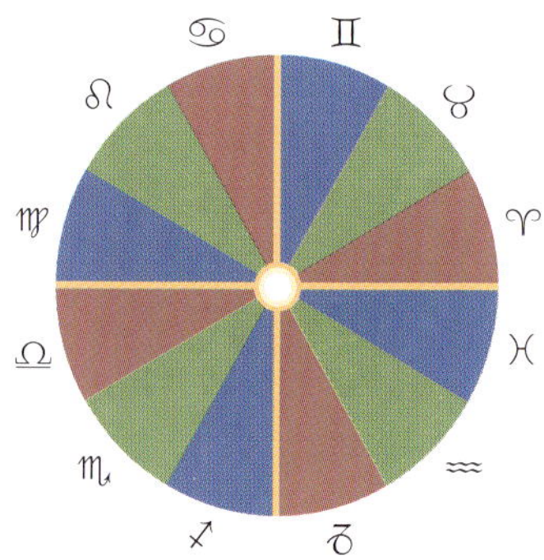

Die ***Kardinalzeichen*** stehen am Beginn einer Jahreszeit, also an den vier Fixpunkten, den Sonnenwenden und Tag- und Nachtgleichen. Sie haben die Qualität, etwas in Gang zu setzen (zu erschaffen). Sie repräsentieren das Prinzip des zielgerichteten Handelns, Initiative, Aktivität und Dynamik. Kardinalzeichen sind: Widder (Feuer), Krebs (Wasser), Waage (Luft), Steinbock (Erde).

Die ***fixen Zeichen*** stellen den Höhepunkt der jeweiligen Entwicklung dar. Sie stabilisieren (erhalten), was die kardinalen Zeichen in Gang setzten und bringen es kreativ zum Ausdruck ("zur Blüte"). Sie verkörpern Konzentration, Beharrlichkeit und Ausdauer. Fixe Zeichen sind: Stier (Erde), Löwe (Feuer), Skorpion (Wasser), Wassermann (Luft).

Die ***veränderlichen Zeichen*** am Ende einer Jahreszeit wirken auflösend und leiten zur nächsten Phase über (zerstören). Sie bringen Beweglichkeit, Anpassungsfähigkeit, soziales Bewußtsein und Selbstlosigkeit zum Ausdruck. Veränderliche Zeichen sind: Zwillinge (Luft), Jungfrau (Erde), Schütze (Feuer), Fische (Wasser).

Die zwölf Tierkreiszeichen

So entsteht der Tierkreis mit seinen zwölf Zeichen durch die "Durchdringung" von 4 (die 4 Elemente als Grundbaustein der Materie) und 3 (das schöpferische Prinzip, Geist), also durch die weitere Unterteilung der 4 Jahreszeiten in jeweils 3 Abschnitte: den Beginn, den Höhepunkt und das Ende.

Damit zeigt der Tierkreis in der Abfolge und Bedeutung der Tierkreiszeichen, wie sich die Entwicklung vollzieht, wenn der schöpferische Geist (die 3) sich mit der Materie (der 4) verbindet und dadurch Leben, wie wir es kennen, entsteht.

Genauso wie z.B. das Wasser verschiedene Formen (fest, flüssig, gasförmig) annehmen kann, nimmt auch der "Geist" oder die "Lebensenergie" innerhalb der physischen Welt verschiedene Formen an, die sich durch die Eigenschaften der Tierkreiszeichen beschreiben lassen. Sie stellen letztlich also nur die verschiedenen Ausdrucksformen ein- und derselben Kraft dar.

Damit zeigen sie auch dem einzelnen im Rahmen seines Horoskops, entsprechend seiner Planetenstellungen, seine ganz persönliche Art und Weise, die "göttliche" Kraft, den "schöpferischen Geist", die Lebenskraft oder wie immer der einzelne es für sich nennen mag, durch sein Leben und Tun wirken zu lassen.

Die Polaritäten / Die Zwei

Dort, wo die zwei Pole des Lebens, Drei- und Vierheit, Geist und Materie, eine Verbindung eingehen, wird nun auch die Zwei sichtbar, die Polarität als Grundlage der menschlichen Wahrnehmung. Die grundlegende Polarität von "männlichem" und "weiblichem" Prinzip oder Yin und Yang findet sich auch in der Zuordnung zu den Tierkreiszeichen wieder. So haben die Zeichen im Tierkreis jeweils abwechselnd eine Yin- oder Yang-Qualität.

"Männliches" Prinzip oder "Yang": hell, warm, trocken, Geist, schöpferisch, verdichtend, lebensfördernd, aktiv, extrovertiert, Individuum.

"Weibliches" Prinzip oder "Yin": dunkel, feucht, kalt, Körper, Materie auflösend, "vergeistigend", passiv, introvertiert, Kollektiv.

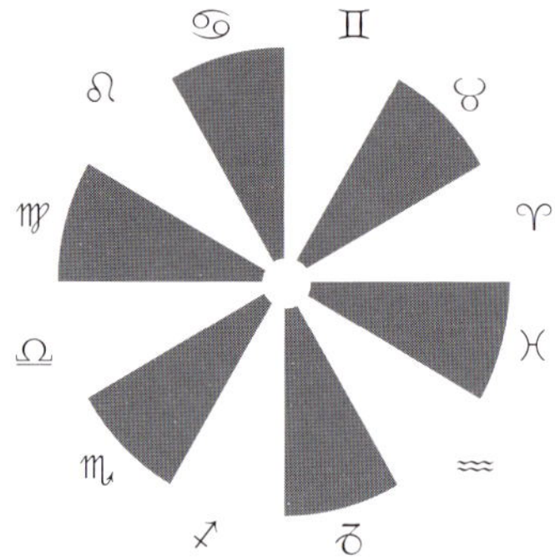

Dabei hat Geist (Yang) die Tendenz, sich zu verdichten, d.h. körperlich (Yin) zu werden, und Materie (Yin) die Tendenz, sich aufzulösen, zu "vergeistigen" (Yang). So entsteht ein dynamisches Gleichgewicht zwischen beiden Kräften, dargestellt im chinesischen Yin/Yang Symbol.

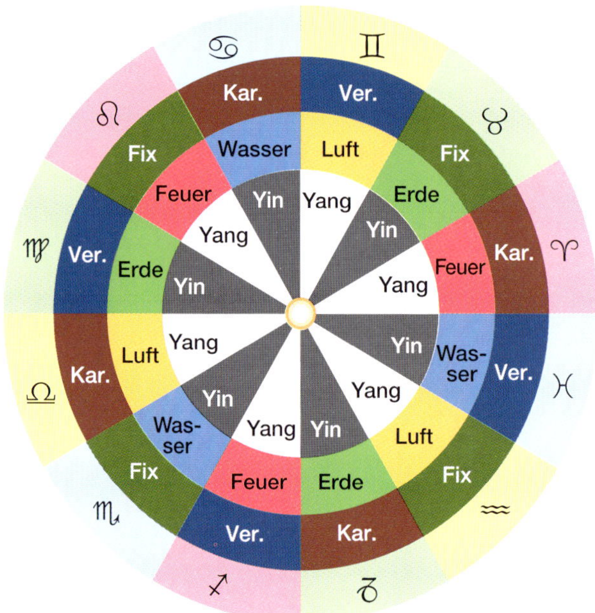

Zusammenfassung

Nimmt man nun die Betrachtung der Elemente, Modalitäten und Polaritäten zusammen, lassen sich daraus letztlich die Qualitäten der einzelnen Zeichen ablesen und beschreiben. Es ergibt sich zum Beispiel im Tierkreiszeichen

Widder durch die Kombination Kardinal/Feuer/Yang das aktive, nach außen gerichtete, männlich-dynamische Potential, das dieses Zeichen vor allem charakterisiert.

Die Dekaden

Das Wort Dekade leitet sich vom griechischen "deka" = "zehn" ab und beschreibt einen 10°-Abschnitt des Tierkreises. Da sich jedes Tierkreiszeichen über 30° erstreckt, wird es nochmals in drei weitere Abschnitte unterteilt.

Diese Einteilung stammt ursprünglich aus der ägyptischen Astrologie, die keinen Tierkreis kannte, sondern das Jahr in 36 Abschnitte von je 10 Tagen einteilte, wobei jeder dieser Abschnitte unter der Herrschaft eines "Gottes" stand. Sie wurde dann hauptsächlich durch die kabbalistischen Lehren überliefert und erhalten.

Diese Götter waren schon immer meist auch "Planetengötter", und damit entstand die in der heutigen Astrologie zwar kaum mehr gebräuchliche, aber dennoch sehr aufschlußreiche Herrschaft der sieben traditionellen Planeten, von Sonne bis Saturn, über die einzelnen Dekaden.

Wir haben die Dekaden und ihre Herrscher für die Zuordnung der Edelsteine zu den Tierkreiszeichen nun wieder "aktiviert", um eine genauere, differenziertere Zuordnung zu ermöglichen.

Die Sonne und die Planeten

Das Sonnensystem entspricht in seinem Aufbau der Struktur der menschlichen Persönlichkeit:

Sonne – Wesenskern

Die Sonne nimmt aus astrologischer (und astronomischer) Sicht eine Sonderstellung unter den Planeten ein. Sie ist das Zentrum des Sonnensystems, das alle anderen Planeten umkreisen. In ihrem Kern verschmilzt sie Wasserstoff zu Helium, dabei wird die Energie in Form von Licht und Wärme, die das Leben auf der Erde erst ermöglichen, freigesetzt.

Übertragen auf die menschliche Ebene steht das Symbol der Sonne somit für das Zentrum der Persönlichkeit, das *Wesens-Licht* eines Menschen. Hier werden die verschiedenen Persönlichkeitsanteile, symbolisiert durch die anderen Planeten, verschmolzen zum bewußten Ausdruck der eigenen Individualität. Durch ihre Stellung im Horoskop zeigt sie, wie das unverwechselbare, einzigartige Wesen eines Menschen sich der Welt darstellt. Sie ist der Ausdruck und die Quelle der eigenen Lebenskraft.

Die persönlichen Planeten und der Mond

Im Gegensatz zur Sonne haben die Planeten kein eigenes Licht, sie reflektieren nur das Licht der Sonne. So symbolisieren sie verschiedene Einzelaspekte der Persönlichkeit.

Mond – Unbewußt, Gefühlswelt

Der Mond wirkt auf alles Flüssige. Am offensichtlichsten wird diese Eigenschaft in seiner Wirkung auf die Meere, die sich in Ebbe und Flut äußert, oder in seinem Einfluß auf das Wachstum der Pflanzen. Diese enge Verbindung mit dem Wasserelement entspricht der Gefühlswelt oder, auf körperlicher Ebene, den Körperflüssigkeiten und dem Blut. Man sagt ja z.B. oft, Blut sei der Sitz der "Seele", also der Gefühls- und Bilderwelt. Oder man ist "vom selben Blut", d.h., man ist gleicher Abstammung – und so ist das Symbol des Mondes auch mit den Begriffen von Heimat, Familie und Herkunft verbunden. Damit zeigt er im Horoskop die Art der Kindheits- und Vergangenheitsprägungen sowie alle unbewußten und reaktiven Verhaltensweisen an.

Merkur – Verstand

Merkur ist der kleinste und schnellste Planet unseres Sonnensystems und der Sonne am nächsten. Er hat seinen Namen vom römischen Götterboten Merkur, der die Welt der Götter mit der der Menschen verband. Er steht für Sprache und Kommunikation, die Art und Weise, wie man sich Wissen aneignet und weitervermittelt, das Sammeln von Informationen und das Herstellen logischer Zusammenhänge. Er symbolisiert auch die physischen Sinne, mit deren Hilfe man Kontakt zur Außenwelt aufnimmt. Er zeigt, wie man äußere Reize verarbeitet und dadurch lernt. Merkur ist der bewußte, analytische Verstand.

Venus – Beziehungsfähigkeit, Weiblichkeit

Der Planet Venus symbolisiert auch in der Astrologie die Qualitäten der römischen Göttin, deren Namen er trägt. Er steht für Liebe, Schönheit, Harmonie und Ausgleich.

Er zeigt im Horoskop, was man liebt oder haßt, was anzieht oder abstößt und was man für sich persönlich als wertvoll erachtet, also für den Teil der Persönlichkeit, der Lust empfinden und Genuß erleben kann und nach diesen Prinzipien denkt und handelt.

Venus ist der Teil der Persönlichkeit, der danach strebt, eine angenehme, harmonische, "genußfördernde" Atmosphäre zu schaffen, indem sie das Verbindende betont und versucht, Spannungen und Gegensätze auszugleichen.

Damit steht Venus auch für die Art und Weise, Beziehungen herzustellen und aufrechtzuerhalten sowie im intimen Bereich für die weibliche Seite der Sexualität und das erotische Empfinden.

Als "Göttin der Schönheit" repräsentiert sie den Sinn für Formen, Ausgewogenheit und Ästhetik.

Mars – Durchsetzung, Männlichkeit

Der kriegerische Mars stellt den Gegenpol zum Venusprinzip dar. Er symbolisiert die Kraft, die für das Überleben und die Durchsetzung der eigenen Wünsche und Ansprüche in der Außenwelt zur Verfügung steht. Er zeigt, wie man diese in Form von Handlungen und Taten zum Ausdruck bringt.

Somit stellt er die "Triebkraft des Ego" dar, die Art des Ausdrucks der eigenen Männlichkeit und die männliche Seite der Sexualität, die Zeugungskraft.

Mars ist Aggressivität und Kampfgeist, auch in dem Sinn von etwas "in Angriff" nehmen, er ist die Art und Weise, wie man seine gesteckten Ziele erreicht und wie man sich als eigenständige Persönlichkeit in der Welt behauptet.

Jupiter – Ausdehnung, Sinnfindung

Jupiter ist der größte Planet unseres Sonnensystems. Dies verbindet ihn mit den Qualitäten von Größe und Ausdehnung. Er symbolisiert Expansion, Glück und Erfolg. Seine Stellung sagt aus, was man als glückbringend und sinnvoll empfindet, mit welchen Fähigkeiten man am erfolgreichsten ist oder sein möchte, wo oder wohin man expandiert. Er zeigt die Qualität des Ziels an, das man in diesem Leben verfolgt, die eigene Lebensphilosophie und Weltanschauung.

Jupiter stellt auch den "Raum" dar, den man einnimmt, die eigene Fähigkeit zur Ausdehnung, körperlich oder geistig, und auf welche Weise sowie in welchem Lebensbereich man seine Umgebung in sein eigenes Denken und Handeln miteinbezieht.

Saturn – Grenzen, Prüfungen

Saturn ist der letzte der traditionellen 7-er Reihe der persönlichen Planeten und der Gegenspieler Jupiters. So ist er der "Hüter der Schwelle" und symbolisiert die Grenzen der individuellen Persönlichkeit und ihre Lebensprüfungen.

Er zeigt an, mit welchen Qualitäten man Schwierigkeiten hat, welche geistigen, seelischen oder körperlichen Begrenzungen und Hemmungen man durch ausdauernde und disziplinierte Bemühungen überwinden muß.

Er steht für die Konzentration auf das Wesentliche im Leben, die Erkenntnis grundlegender Gesetzmäßigkeiten, Grenzen und Schwächen der eigenen Persönlichkeit und des Charakters, für Realitätsbewußtsein, Pflichtgefühl, Genauigkeit und Strenge.

Durch seine Prüfungen wird die Persönlichkeit gefestigt, man gewinnt ein klares, stabiles Bewußtsein der eigenen Identität und ist damit erst fähig, die eher auflösenden, starken, "überpersönlichen" Kräfte der transsaturnischen Planeten in die Persönlichkeit zu integrieren und konstruktiv zu nutzen.

Die Transsaturnier – Jenseits der Grenzen

Uranus – Die höhere Oktave des Merkur

Uranus wurde zur Zeit der Französischen Revolution entdeckt und repräsentiert auch ihre Ideale: Freiheit, Gleichheit, Brüderlichkeit.

Uranus steht für den Revolutionär in jedem Menschen. Er löst die Grenzen des alltäglichen Denkens auf. Alles, was denkbar ist, wird möglich.

Er zeigt, in welchem Lebensbereich man frei sein möchte, wie man Selbstbestimmung, Selbstverantwortung und gemeinschaftliche Ideale zum Ausdruck bringt, aber auch, wo man einengende Strukturen, Sicherheitsdenken, veraltete Denk- und Verhaltensmuster hinter sich lassen muß. Er zeigt, wo man leicht Risiken eingeht und erfinderisch ist.

Neptun – Die höhere Oktave der Venus

Neptun steht für die mystische Seite der Persönlichkeit. Er bringt die Auflösung aller gefühlsmäßigen Grenzen, ein Gefühl der All-Verbundenheit, umfassender, grenzenloser Liebe und des Mitgefühls. Man ist sich hier des illusionären Charakters aller materiellen Erscheinungsformen bewußt.

Er zeigt sowohl mediale, heilende und künstlerische Fähigkeiten an wie auch Lebensbereiche, wo Illusionen aufgelöst werden müssen, oder Qualitäten, die schwer im täglichen Leben klar zum Ausdruck gebracht werden können.

Pluto – Die höhere Oktave des Mars

Pluto symbolisiert die magische Seite der Persönlichkeit, eine starke Wunsch- und Imaginationskraft. Über tiefgreifend verwandelnde Erfahrungen vermittelt er den Gebrauch und das Verständnis der energetischen Grundlagen des Lebens und das Bewußtsein der eigenen Macht oder Ohnmacht.

Er zeigt die grundlegendsten Motivationen im Leben eines Menschen und Qualitäten, die man mit großem Mut, großer Ausdauer und Willenskraft zum Ausdruck bringt, aber auch Lebensbereiche, in denen man lernen muß, Machtansprüche aufzugeben, loszulassen und zu vertrauen.

2. Teil: Sterne und Steine

Was haben eigentlich Sterne und Steine miteinander zu tun, was haben sie gemeinsam?

Die Prinzipien und Gesetzmäßigkeiten, die dem menschlichen Leben und auch allem anderen Leben und Sein im Kosmos zugrunde liegen, können auf den verschiedensten "Ebenen" erkannt werden und in verschiedenen "Formen" zum Ausdruck kommen.

Sie spiegeln sich im Tierkreis genauso wie in Pflanzen, Tieren, Menschen, Steinen, ihren Eigenschaften und Qualitäten.

So kommt ein "universelles Prinzip" oder eine Qualität z.B. in pflanzlicher, tierischer oder mineralischer Form, zum Ausdruck. Diese haben dann eine "energetische" Gemeinsamkeit, die oft nicht nur fühlbar, sondern auch sichtbar und analytisch nachvollziehbar ist:

Dynamisches Prinzip

Planet	***Mars***	***Energie, Bewegung, Antrieb*** ***Handlung, Tat***
Farbe	***Rot***	Farbe des ***Mars*** am Himmel durch eisenhaltiges Gestein
Element	***Feuer***	***rotes*** Farbenspiel, setzt ***Energie*** frei
Metall	***Eisen***	***Eisen***gehalt färbt Mineralien ***rot***
Pflanzen	***z.B. Eisenkraut,*** ***Brennessel***	sehr ***eisen-*** und mineralstoffhaltig "brennt" = Element ***Feuer***
Steine	***z.B. Hämatit*** ***Feueropal***	besteht hauptsächlich aus ***Eisen*** ***rote*** Farbe durch ***Eisen***gehalt

Durch diese Gemeinsamkeit oder Entsprechung entfalten die verschiedenen Ausdrucksformen auch eine Wirkung aufeinander. Sie können in Resonanz treten, wie schon im Kapitel über die Grundlagen der Steinheilkunde beschrieben wurde, und werden dann einander "zugeordnet".

Eine andere interessante Parallele zwischen Edelsteinen und Sternen wurde erst vor nicht allzulanger Zeit entdeckt:

Man fand heraus, daß viele Edelsteine nur entstehen, wenn eine ganz bestimmte Strahlung vorhanden ist. Das Erstaunliche daran ist, daß dies die Strahlung eines Sterns oder eines ganzen Sternbilds sein muß, und daß nicht nur die überall natürlicherweise vorhandenen Erdstrahlungen für die Bildung von Steinen verantwortlich sind. Da nun die Sterne in einer festgelegten Bahn über die Erdoberfläche ziehen, findet man auf gewissen Breitenkreisen immer wieder ganze Bänder, in deren Einflußbereich ganz bestimmte Edelsteine zu finden sind.

Die Dekadensteine

Die Zuordnungen von bestimmten Edelsteinen zu den Tierkreiszeichen, wie sie in diesem Buch beschrieben werden, beruhen also auf ihren Gemeinsamkeiten. Sie drücken dieselben Qualitäten auf unterschiedlichen Seinsebenen aus.

Dabei sollte man aber immer bedenken, daß die Bedeutung eines Tierkreiszeichens sehr vielschichtig ist; man kann es aus sehr vielen Blickwinkeln betrachten. Damit könnten ihm eigentlich noch sehr viel mehr Steine zugeordnet werden, als wir es hier getan haben.

Wir haben für diese Zuordnungen diejenigen Steine gewählt, die die Qualität der jeweiligen Dekade unserer Meinung und Erfahrung nach am stärksten und reinsten zum Ausdruck bringt, so daß sie also die meisten fühlbaren, sicht- und nachvollziehbaren Gemeinsamkeiten aufweisen.

Das heißt nun nicht, daß der entsprechende Stein für einen Menschen, der unter diesem Tierkreiszeichen oder in dieser Dekade geboren wurde, besonders "gut" ist. Dieser Stein stellt einfach seine Entsprechung im Reich der Mineralien dar. Bringt jemand die beschriebenen Qualitäten in seinem Leben schon sehr stark zum Ausdruck, wird er sie kaum in Form eines Steins benötigen, tut er es nicht, kann dieser Stein allerdings sehr viel bewirken und auslösen.

Die Ausgleichsteine

Auch die in den Kapiteln unter "Ausgleichsteine" aufgeführten Steine weisen noch Gemeinsamkeiten mit dem jeweiligen Zeichen auf, gleichen aber, im Gegensatz zu den Dekadensteinen, vor allem charakteristische Schwächen und Probleme dieses Zeichens aus.

Sie stellen eine kleine Auswahl dar, die durch viele Erfahrungen immer wieder bestätigt wurde, erheben aber keinen Anspruch auf Vollständigkeit. Denn das, was ein Mensch in einer bestimmten Situation oder Phase seines Lebens braucht, ist viel zu individuell und vielschichtig und kann letztlich nie anhand eines starren Schemas erfaßt und dargestellt werden.

Man kann hier also Anhaltspunkte dafür finden, was ein Mensch eines bestimmten Tierkreiszeichens brauchen könnte und hat dabei erfahrungsgemäß gute Chancen, das Richtige zu treffen, sollte seiner Entscheidung aber immer den Menschen und seine konkrete, momentane Situation zugrunde legen.

Wenn Sie das schon vor einiger Zeit im selben Verlag erschienene Plakat "Heilsteine und Sternzeichen" kennen, werden Sie feststellen, daß es unter der Rubrik "Ausgleichsteine" Veränderungen gegeben hat. Bitte haben Sie dafür Verständnis. In dieses Buch sind die neuesten Erkenntnisse der Steinheilkundeforschung eingeflossen und haben zu einigen Verbesserungen geführt.

Die Zuordnungen

Unsere Zuordnungen beruhen auf langjähriger Forschung und Erfahrung. Trotzdem möchte ich sie nicht als Dogma verstanden wissen. Strukturen und Systeme sind Hilfestellungen, ein Konzept und Abbild der Wahrheit, aber niemals die Wahrheit selbst. Sie sollen als Anregung dienen, die vielfältigen und vielschichtigen Verbindungen und Entsprechungen zwischen den Dingen dieser Welt zu erkennen und zu erleben.

Deswegen lassen Sie sich von den unterschiedlichen Systemen, die es wie überall sonst auch hier gibt, nicht verwirren, sondern versuchen Sie, die Wahrheit der Betrachtung, die dahintersteht, zu ergründen und zu verstehen. Machen Sie vor allem ihre eigenen Erfahrungen, und verleihen Sie dadurch der Theorie Leben. Dann können Sie selbst am besten entscheiden, was "ihrer Wahrheit" entspricht.

Ich würde mich freuen, über den Steinheilkunde e.V., dessen Adresse Sie im Anhang des Buches finden, von Ihren Erlebnissen mit Sternen und Steinen zu hören. Sie können damit, wenn Sie möchten, zur weiteren Entwicklung unserer Forschungsarbeit beitragen.

Mehr zur Anwendung der Zuordnungen und der Auswahl von Steinen und dem Umgang mit ihnen, finden Sie im Kapitel "Anwendungen" am Ende des Buches.

Tierkreiszeichen, Dekaden und Steine

In der Beschreibung der Dekaden und Tierkreiszeichen habe ich bewußt die zwei Seiten getrennt, die jedes und alles auf dieser Welt hat. Dort werden hauptsächlich die "positiven" Ziele und "höchsten Verwirklichungsmöglichkeiten" eines Sternbildes beschrieben, sein persönlicher Beitrag zur Entwicklung des Ganzen. Im jeweiligen Kapitel über die Ausgleichsteine kommt dann eher die "andere Seite" zum Tragen.

Die Beschreibungen der Dekaden und zugeordneten Edelsteine ergänzen sich gegenseitig, ergeben ein gemeinsames Bild. Die Bedeutung von Dekade und Stein verbindet sich zu einem Bild, das letztendlich das hinter beiden stehende Prinzip, von zwei unterschiedlichen Standpunkten aus betrachtet, erklärt und verdeutlicht. Auch die Darstellung der einzelnen Dekaden verbindet sich zum Gesamtbild des Tierkreiszeichens, wie es jeweils am Anfang des Kapitels dargestellt ist.

So sind die Dekaden als Teilaspekt des gesamten Zeichens zu verstehen, und die ihnen zugeschriebenen Eigenschaften beschränken sich auch nicht ausschließlich auf diese Dekade, können dort aber verstärkt wahrgenommen werden. Sie erhalten für den Menschen, der mit dieser Dekade in Beziehung steht, über seine Sonne oder andere Planeten eine besondere Bedeutung.

So empfehle ich zum umfassenderen Verständnis die Lektüre des ganzen Zeichens, nicht nur die der Geburtsdekade, am besten natürlich des ganzen Tierkreises, der hier als Entwicklungszyklus dargestellt ist. Sie werden sich selbst und bestimmte Verhaltensweisen dann wahrscheinlich an verschiedenen Stellen wiederfinden, entsprechend dem Gesamtbild Ihres Horoskops, das ja nicht "nur" die Sonnenstellung, sondern alle zehn Planeten als Ausdruck Ihrer Persönlichkeit beinhaltet.

Vielleicht können Sie sich auch mit einem ganz anderen als Ihrem "Sonnenzeichen" viel besser identifizieren. Daran ist nichts falsch. Aufschluß darüber, warum das so ist, gibt dann wahrscheinlich eine genauere Betrachtung Ihres Geburtsbildes oder Ihrer momentanen Lebenssituation.

Zu den astrologischen Daten

Da die Sonne nicht jedes Jahr zur gleichen Zeit am selben Ort steht, ist auch das genaue Datum ihres Wechsels von einem in das andere Tierkreiszeichen jeweils verschieden. Die Differenz beträgt höchstens ± 1 Tag, oftmals sind es nur ein paar Stunden Unterschied, die seinen Beginn auf das eine oder andere Datum fallen lassen.

In diesem Buch sind die gängigen astrologischen Daten angegeben. Sollten Sie an der Grenze zweier Zeichen geboren worden und sich unsicher über den genauen Stand Ihrer Sonne sein, können Sie diesen von einem Astrologen oder Berechnungsdienst berechnen lassen.

Allerdings treffen auf diese "Grenzfälle" meistens beide Qualitäten, die des vorigen und die des nachfolgenden Zeichens, zu – man hat dann das Glück oder die Qual der Wahl, beide Ausdrucksmöglichkeiten zur Verfügung zu haben.

Das gleiche gilt entsprechend für die Dekadengrenzen.

Widder 21.3. - 20.4.

Freisetzung von Energie, Aufbruch

Planetenherrscher:	Mars
Element:	Feuer
Qualität:	Kardinal/Yang
Leitsatz:	Ich will
Jahreszeit:	Aufbruch der Kräfte im Frühling
Körperl. Entsprechung:	Kopf, Gesicht, Blut

Das Zeichen Widder beginnt mit der Frühlingstagundnachtgleiche. In der Natur beginnt ein neuer Zyklus, ein neues Jahr. Den Winter hindurch ruhte die Lebenskraft konzentriert im Samen, unsichtbar und verborgen unter der Erde, bis die ersten warmen Strahlen der Frühlingssonne Mensch und Natur zu neuem Leben erwecken. Im Keim und im jungen Trieb setzt der Same nun die großen, ihm innewohnenden Kräfte frei, sein Potential beginnt sich zu manifestieren, die Lebenskraft offenbart sich aufs Neue in der sichtbaren Welt.

So geht es im Zeichen des Widders also um das In-Erscheinung-Treten als eigenständige Individualität und die Freisetzung von Energie. Widder handelt spontan und impulsiv, ohne Konsequenzen zu bedenken. Er muß sich nun vor allem zuerst in der Welt behaupten und stößt dabei auf Widerstände und Hindernisse, die mit großer Willenskraft überwunden werden. So mißt Widder seine Kraft an allem, was ihm begegnet. Seine Angriffslust, sein Ehrgeiz und Führungsanspruch sind keine Böswilligkeit, sondern entspringen der inneren Notwendigkeit, sich selbst als eigenständige Persönlichkeit zu erfahren und durchzusetzen. Er erlebt seine Individualität, seine persönliche Eigenart, in erster Linie über sein Tun, über die Dinge, die er in Gang setzt. Er erfährt sich selbst und seine Kraft an den Widerständen und Schwierigkeiten, die er überwindet und gelangt dadurch zu mehr persönlicher Integrität und Stabilität.

Widder ist Dynamik, er ist immer in Bewegung, bewegt sich weg von dem, aus dem er geboren wurde, der allumfassenden kosmischen Einheit, symbolisiert durch das vorhergehende Fischezeichen, wo nichts Getrenntes oder Individuelles existierte.

Widder ist der Pionier, der den anderen den Boden bereitet. Er verkörpert den Enthusiasmus und die Begeisterungsfähigkeit, die noch jedem jungen Leben innewohnt und setzt sich mit großem Engagement immer wieder dafür ein, neuen Ideen zum Durchbruch zu verhelfen.

Natürlich, sehr direkt und unkompliziert bringt er sich selbst und seinen Willen zum Ausdruck. Dabei verleiht ihm die Kraft des Neubeginns, die durch ihn wirkt, die Fähigkeit, auch für sich selbst immer wieder neu anzufangen. So bleibt er meist jugendlich, lebendig und lebensfroh bis ins hohe Alter.

1. Dekade: 21.3. - 30.3. Dekadenherrscher: Mars

Die 1. Dekade Widder wird im wesentlichen von der Dynamik des Neubeginns geprägt. Eine Idee, ein Plan, im Geist schon geboren und herangereift, verlangt nach Verwirklichung. Mit der ersten Tat in Richtung auf ihre Verwirklichung wird sie in die physische Welt geboren und tritt in Erscheinung, genauso wie ein Kind nach neun Monaten den Mutterleib verläßt oder der Same keimt und als junger Trieb sichtbar wird. Hier zeigen sich die Kraft, Begeisterungsfähigkeit und der Enthusiasmus, die jedem Neubeginn innewohnen, die dem jungen Leben helfen, sich in der Welt zu behaupten und gegen anfängliche Schwierigkeiten durchzusetzen.

Auch die Sexualität und Zeugungskraft, als grundlegendster Ausdruck der Lebensenergie und erster Impuls für den Beginn eines neuen Lebens, wird hier zugeordnet.

Diese Charakteristiken sind auch den Menschen zu eigen, die zu dieser Zeit des Jahres geboren werden. Sie sind die geborenen "Starter", die von den Herausforderungen des Lebens oder eines Projekts angespornt werden und mit ihrer nie versiegenden Dynamik, Lebensfreude und Begeisterungsfähigkeit alle Hindernisse überwinden.

Der Feueropal

Chem. Zusammensetzung:	SiO_2 + n H_2O, Quarz, Oxid
Spurenelemente:	Eisen
Kristallstruktur:	amorph

Der Feueropal ist ein transparenter Stein, dessen Farben von gelb über orange bis tiefrot an das großartige Naturschauspiel eines Sonnenaufgangs erinnern, den Beginn eines neuen Tages. So vermittelt er wie das Tierkreiszeichen, dem er zugeordnet ist, die Kraft des Neubeginns. Er fördert die Fähigkeit und den Wunsch, die Initiative zu ergreifen, um Ideen und Pläne in die Tat umzusetzen.

Sein hoher Wassergehalt und die amorphe Kristallstruktur verbinden ihn aber auch mit dem vorhergehenden Wasserzeichen der Fische. Damit wirkt er als Brücke, um die Auflösung des Alten (Fische) in einen neuen Anfang (Widder) zu überführen und damit den Kreis zu schließen.

Ein anderes Element, offensichtlich schon im Namen und in der Farbe dieses Steins und manifest im enthaltenen Mars-Metall Eisen, aber prägt vor allem seinen Charakter und seine Wirkweise: das Element Feuer. Es entspricht dem Geist, der der Materie erst Leben verleiht. Man spricht ja auch vom Feuer in den Augen eines Menschen, der von etwas be-"geist"-ert ist. So ent-

zündet der Feueropal das innere Feuer, belebt und aktiviert, bringt körperlich, seelisch und geistig in Bewegung.

Auf körperlicher Ebene fördert er somit auch den (An-)Trieb, bringt Freude an der Sexualität ins Leben und stärkt den Lebenswillen. Er beseitigt schnell alle Energie-Mangel-Erscheinungen. Seelisch-geistig vermittelt er Begeisterungsfähigkeit, Lebensfreude und Lebendigkeit.

Seine Entstehung verweist auf eine weitere interessante Eigenschaft: Er entsteht hauptsächlich in Vulkangebieten an heißen Quellen und Geysiren. Dort ist der feurige, glutflüssige Kern der Erde der Oberfläche wesentlich näher. Die Erdkruste ist dünner und steht unter hohem Druck, der sich dann von Zeit zu Zeit in einem Ausbruch entlädt. So fördert der Feueropal, indem er Energien mobilisiert und in Bewegung bringt, eine spontane Entladung aufgestauter Kräfte und Emotionen. Dabei löst er allerdings die Ursachen der Blockaden nicht auf, verschafft aber durch die Entladung "Luft". Dadurch bringt er dann oft den sprichwörtlichen "Stein ins Rollen", liefert den Anstoß, die Initialzündung, um nun endlich in Aktion zu treten. Man kann ihn also überall einsetzen, wo durch Stagnation der grundlegenden Lebensenergien und des Antriebs neue Erfahrungen und Erkenntnisse nicht mehr möglich sind.

2. Dekade: 31.3. - 9.4. Dekadenherrscher: Sonne

Das Thema der 2. Dekade Widder ist vor allem die Entfaltung der Persönlichkeit. Das Gefühl für die eigene Identität ist noch jung. So stürzt man sich mit seiner ganzen, unverbrauchten Kraft ins Leben. Man braucht die Herausforderung, muß sich beweisen, behaupten, durchsetzen. Durch die äußeren Widerstände und Konfrontationen wächst man, erfährt sich selbst, gewinnt immer mehr eine konkrete Erfahrung seiner Identität und entwickelt Selbständigkeit. Man lernt, seinen starken Willen zu gebrauchen, seine Kraft einzusetzen und gewinnt Selbstbewußtsein und Selbstvertrauen. Für den Widder gilt vor allem: Wo ein Wille ist, ist auch ein Weg – und mit Sicherheit geht man, allen anderen eine Nasenlänge voraus, als erster durchs Ziel.

Der Rubin

Chem. Zusammensetzung:	Al_2O_3, Korund, Oxid
Spurenbestandteile:	Chrom, Eisen
Kristallstruktur:	trigonal

Diesem Abschnitt des Tierkreises entspricht im Reich der Mineralien der Rubin. Schon in der altindischen Heilkunst des Ayurveda wird er als "der Edelstein des Herrn des Tages", also der Sonne, genannt, die ja auch die 2. Dekade beherrscht. Um die Zusammenhänge besser zu verstehen, wollen wir hier kurz auf die Entstehungsgeschichte des Rubins eingehen:

Al_2O_3, Aluminiumoxid oder sogenannte Tonerde, die eine rhombische Kristallstruktur besitzt, gerät durch Bewegungen der Gesteinsschichten der Erdkruste erneut unter Einwirkung von Druck und Hitze. Einwirkendes Sternenlicht versetzt das Gestein dabei in Ultraschallschwingung, wodurch die Tonerde eine innere Umwandlung zum trigonalen Korund erfährt. Werden dabei noch einige Aluminiumionen durch Chrom ersetzt, entsteht der rote Rubin.

Der Ausgangsstoff Aluminiumoxid entspricht dem individuellen Bewußtsein, dem, was man als "Ich" bezeichnet. Mit diesem Bewußtsein der eigenen Identität setzt man sich nun in Bewegung wie die Gesteinsmassen bei der Bildung des Rubins, man stürzt sich ins Leben, spontan, impulsiv, mit seiner ganzen Kraft. Dabei stößt man natürlich auf Widerstände und Hindernisse, man gerät unter Druck, muß sich behaupten und durchsetzen. Mit diesen Konfrontationen wächst man. Man gewinnt eine konkrete Erfahrung seiner Identität, über das, was man auslöst und wie die Umgebung darauf reagiert. Man stößt sich die Hörner ab und gewinnt dadurch eine neue innere Stabilität wie der Rubin, der

sich im Grunde gleichbleibt. Nur seine innere Struktur wandelt sich durch die äußeren Einflüsse vom rhombischen zum trigonalen Kristallsystem, das aufgrund seines höheren Grades an Ordnung einem wesentlich stabileren, ausgeglicheneren Zustand entspricht.

So gibt der Rubin Selbstvertrauen und Selbstbewußtsein. Er entwickelt Mut, Willensstärke, Entschlossenheit, Durchsetzungs- und Tatkraft.

Das während seiner Verwandlung ins Kristallgitter eingebaute Chrom erhält ihm, trotz des relativ stabilen Zustandes, eine gewisse Grundspannung und Dynamik, die sich in dem starken Wunsch nach Selbstbestimmung und Individualität äußert. Er regt an, die eigenen Fähigkeiten zu entdecken und zu entwickeln und sich für immer neue Ideen und Ziele zu begeistern.

Der Rubin symbolisiert die Urkraft allen Lebens. Er aktiviert die grundlegende Lebensenergie des 1. Chakras und erhöht das allgemeine Energieniveau. Wo zuwenig Feuer ist, regt er an, wo zuviel ist, gleicht er aus. Er fördert die Lebensfreude und schenkt größere Flexibilität und Spontanität im Denken und Handeln.

Körperlich wirkt er durch seinen feurig-trockenen Charakter fieberfördernd und schmerzstillend bei hitzigen Schmerzen.

Durch die bei seiner Entstehung mitbeteiligte Ultraschallschwingung und die durch das Chrom verursachte Gitterspannung wirkt er grundsätzlich schnell anregend und spannungserhöhend, z.B. auf Milz, Kreislauf, Blutdruck und Sexualität. Er stärkt die Abwehrkraft, wirkt heilend und verjüngend auf die Haut und strafft das Gewebe.

3. Dekade: 10.4. - 20.4. Dekadenherrscher: Venus

Die 3. und letzte Dekade des feurigen Widderzeichens schafft einen Übergang zum fixen Erdzeichen Stier, das schließlich die in Widder freigesetzten Lebenskräfte bändigt und nutzbar macht. Auch die hier herrschende Venus wird ja traditionell dem Stier zugeordnet. Als Planet des Ausgleichs lenkt sie die ungestümen, drängenden Widderkräfte in etwas ruhigere Bahnen. Es gilt immer noch die starke Entwicklungsdynamik, die das Widderzeichen grundsätzlich charakterisiert, doch äußert sich diese harmonischer, ruhiger, ausgeglichener. Man stürmt und drängt nicht mehr gegen alle äußeren Widerstände und Hindernisse an, sondern bezieht die Umwelt in den eigenen Entwicklungsprozeß mit ein. Man erfährt sich nicht mehr hauptsächlich über die Auseinandersetzung mit dem anderen, sondern erlebt inneres Wachstum und Reifen in der Begegnung mit Menschen und Situationen. Hier findet man dann auch die Sexualität, die über das bloß Triebhafte hinausgeht, das Spiel mit dem Feuer, die Erotik, den lebendigen, dynamischen Austausch mit anderen und letztendlich dem Leben selbst. Die Menschen dieser Dekade sind aktiv, schnell begeistert, spontan und offen in ihrem Gefühlsausdruck, enthusiastisch, herzlich – sowie sehr ehrlich und direkt in ihren Zu- und Abneigungen. Sie strahlen Dynamik und gute Laune aus, sind die Stimmungsmacher in jeder Gesellschaft und Stehaufmännchen in allen Lebenslagen.

Der Rhodochrosit

Chem. Zusammensetzung:	$MnCO_3$, Carbonat
Spurenbestandteile:	Calcium, Eisen, Zink
Kristallstruktur:	trigonal

Der 3. Dekade entspricht der Rhodochrosit. Er gehört zur Mineralklasse der Carbonate, deren starker Einfluß auf alle Entwicklungsprozesse seine Wirkungsweise vor allem prägt und ihn dem Tierkreiszeichen Widder zuordnet. Der Rhodochrosit gibt Energie und Vitalität, fördert geistige und körperliche Aktivität und gibt so die nötige Dynamik, Entwicklungen in Gang zu halten. Dabei hilft er gleichzeitig, diese zu harmonisieren und zu stabilisieren: Er bremst da, wo es zu schnell geht, und beschleunigt, wenn es keinen Fortschritt mehr gibt.

So harmonisiert er generell den Energiefluß, löst emotionale Unruhe und fördert ein harmonisches, mit den äußeren Umständen abgestimmtes inneres Wachstum. Dazu trägt auch das in ihm als weiterer Bestandteil enthaltene Mangan bei. Es gibt ihm seine kräftige rosa Farbe, die ihn mit dem Planeten Venus verbindet, dem Rosa oder Gelb als Farbe zugeordnet wird.

Seine anregende Wirkung schlägt sich vor allem auch im seelischen Bereich nieder. Er hebt die Stimmung, hält sie auf einem hohen energetischen Niveau, macht lebendig und fröhlich, aufgeschlossen und interessiert für alles Neue: neue Situationen, Menschen, Erfahrungen und Begegnungen. Ausgerüstet mit einem unwiderstehlich direkten Charme erobert man die Welt im Sturm, verliebt in das Leben selbst. Er fördert spontane, ehrliche Gefühlsäußerungen, und so kann es nicht ausbleiben, daß er auch die Erotik, das aufregende, prickelnde Spiel mit dem Feuer und der Liebe anregt. Mit dem Rhodochrosit ist man immer für einen kleinen Flirt zu haben.

Geistig hält er jung, macht wach, dynamisch und bringt Ideenreichtum.

Körperlich wirkt Rhodochrosit tonus- und blutdruckerhöhend sowie kreislaufanregend. Er stimuliert die Keimdrüsen und hilft bei Migräne, da er die Blutgefäße elastisch macht. Bei einem Migräneanfall sollte er dann direkt auf die Medulla Oblongata, die Grube am Hinterkopf zwischen Schädelknochen und Wirbelsäule, aufgelegt werden.

Ausgleichsteine des Widders

Der **Amethyst** vermittelt dem Widder Ruhe und inneren Frieden, wenn er sich von seiner starken inneren Dynamik getrieben fühlt und nicht mehr abschalten kann. Sein Name kommt aus dem Griechischen und bedeutet soviel wie "unberauscht". So fördert er beim oft impulsiv und unbesonnen agierenden, im "Bewegungsrausch" dahinstürmenden Widder einen klaren, nüchternen Verstand, Neutralität und Urteilsvermögen sowie die Geduld, den richtigen Zeitpunkt zum Handeln abzuwarten. Er hilft ihm, seine Kraft und Dynamik auch auf geistige Ziele und Ideale auszurichten.

Widder-Geborene sind schnell von einer Sache begeistert und mit ihrer ganzen Kraft dabei. Aber oft ist dieses Strohfeuer auch genauso schnell wieder vorbei, wenn der Reiz des Neuen verflogen ist und die alltägliche Routine beginnt. Da sie sich dann lieber einer neuen Herausforderung zuwenden, die ihre Kräfte wieder mobilisiert, ernten sie selten die Früchte ihrer Arbeit. Hier gibt das **Tigereisen** dem Widder Ausdauer und das Durchhaltevermögen, sein Ziel weiterzuverfolgen, auch wenn die erste Begeisterung verflogen ist.

Aufgrund ihrer starken inneren Entwicklungsdynamik und der Notwendigkeit, ihre Persönlichkeit in der Auseinandersetzung mit der Umwelt zu erfahren und zu festigen, verletzen Widder-Geborene oft die Grenzen ihrer Mitmenschen. Der **Rosenquarz** lehrt den Widder hier Rücksicht. Durch die Entwicklung seiner eigenen, weichen Gefühlsseite lernt er andere besser verstehen und sein Handeln auch auf die Bedürfnisse seiner Umwelt und der ihn umgebenden Menschen abzustimmen.

Von links im Uhrzeigersinn: Amethyst, Rosenquarz, Tigereisen

Stier 21.4. - 20.5.

Festigung, Nutzbarmachung von Kraft

Planetenherrscher:	Venus
Element:	Erde
Qualität:	Fix/Yin
Leitsatz:	Ich besitze; ich gestalte
Jahreszeit:	Die Zeit, in der die Pflanzen Wurzeln schlagen und kräftig werden
Körperl. Entsprechung:	Hals, Nacken, Mund, Rachen, Speiseröhre, Schultern

Was im Widder mit der Freisetzung von Energie und der Erfahrung einer eigenständigen Identität begann, erfährt nun im fixen Erdzeichen Stier eine Festigung und Stabilisierung. Hier wird die Lebenskraft, die sich spontan, um der Erfahrung ihrer selbst willen, verausgabte, nutzbar gemacht und für ganz konkrete Zwecke und Ziele eingesetzt. Sie wird bewußt verwendet, um die Materie zu formen und zu gestalten.

In der Natur ist nun auch die Zeit des Wachstums, der Ausgestaltung der materiellen Form gekommen. Der junge Trieb bildet Blätter und Wurzelwerk und nimmt Nährstoffe aus dem Boden auf.

So weiß der Stier die Gaben der Natur zu nutzen und zu seinem Vorteil einzusetzen. Seine Stärken sind ein logisches, vernünftiges Vorgehen, das sich an den Notwendigkeiten und Gegebenheiten der sichtbaren Realität orientiert.

Er bezieht seine Kraft aus der Tradition, seine Wurzeln sind sein kulturelles Erbe, das ihn nährt wie der fruchtbare Boden die junge Pflanze. Die überkommenen Werte geben ihm den festen Rahmen und die Sicherheit für sein Wachstum. Sein Ziel ist sowohl die Sicherung der materiellen Grundlagen des Lebens und der Bedürfnisse des Körpers, als auch das Erwerben und Erhalten fester, unumstößlicher Wertmaßstäbe als Grundlage der Persönlichkeit.

Daraus erwächst die starke, vertrauenerweckende innere Kraft und Stabilität, die Stier-Geborene so oft ausstrahlen. Wenig kann sie erschüttern, sie stehen mit beiden Beinen fest auf dem Boden der Realität. Sie können sehr beharrlich und ausdauernd an ihren Zielen arbeiten und sind stark mit der Natur, der Materie und allem sinnlich Wahrnehmbaren verbunden. So haben sie die Zeit und die Geduld, die Dinge wachsen und reifen zu lassen, um anschließend die Früchte ihrer Arbeit in vollen Zügen zu genießen – denn Stier-Geborene lieben vor allem die schönen und angenehmen Dinge, die ihnen diese Welt zu bieten hat.

1. Dekade: 21.4. - 30.4. Dekadenherrscher: Merkur

Merkur, der diese Dekade beherrscht, symbolisiert die Kraft des bewußten Verstandes, der Vernunft. Hier werden die dynamischen Lebenskräfte mit seiner Hilfe gebändigt und für ganz konkrete Ziele und Zwecke eingesetzt.

Man könnte es mit dem Bild einer Staumauer vergleichen, die der Naturgewalt eines Wildwassers Grenzen setzt und damit dessen Kraft für die Stromgewinnung nutzbar macht. Genauso beherrscht in dieser Phase der Entwicklung der Verstand die Emotionen und nutzt ihre Dynamik für seine Zwecke.

So kennzeichnet den Stier in dieser Dekade das logische und vor allem auch praktische Denken, verbunden mit der starken Dynamik der Emotionen. Dies führt zur bewußten Gestaltung der Materie und des eigenen Lebens. Man gewinnt damit die Beständigkeit und Ausdauer, um eine sichere Basis für sein Überleben zu schaffen.

Der Chrysokoll

Chem. Zusammensetzung:	$CuSiO_3 + 2H_2O$
	Ringsilikat
Spurenbestandteile:	Aluminium, Eisen, Phosphor
Kristallstruktur:	monoklin

Der Chrysokoll ist ein blau-grüner Stein und zeigt damit schon in seiner Farbe die fruchtbare Verbindung von Verstand/mentaler Kraft (blau) und Gefühl/emotionaler Kraft (grün), die dieser Dekade des Stiers vor allem zu eigen ist.

Er entsteht aus der Verwitterung von Kupfererz in Verbindung mit Kieselsäure, die z.T. aus der Zersetzung von organischen Substanzen (Pflanzen, Tiere) entstanden sein kann. So wird ihm auch nachgesagt, er fördere die Kommunikation mit Pflanzen. In jedem Fall stärkt er die Verbindung zur Erde und zur Natur.

Sein kühlender, beruhigender Charakter läßt sich auf seine Entstehung bei relativ niedrigen Temperaturen zurückführen, was dem "kühlen" Verstand und der praktischen Vernunft der 1. Stierdekade entspricht. Auch seine Bildung oberhalb des Grundwasserspiegels unterstützt das rationale Denken, da er hilft, "über den Gefühlen" zu stehen, die durch das "Wasser" symbolisiert werden.

Die andere, mehr emotionale Seite des Chrysokolls, wird durch seinen Gehalt an Kupfer repräsentiert. Kupfer unterstützt das Auftauchen von Gefühlen

und Bildern, hilft aber, sie gelassen und neutral zu betrachten. So hilft der Chrysokoll generell, einen "kühlen Kopf" zu bewahren.

Da Gefühle und Bedürfnisse nicht unterdrückt, sondern dem Bewußtsein zugänglich gemacht werden, ohne sich von ihnen überwältigen oder beherrschen zu lassen, wird es möglich, sie als "Treibstoff" zur Verwirklichung der eigenen Wünsche und Ziele zu nutzen. Man erkennt, was man möchte und braucht, und setzt seine Kraft dann bewußt dafür ein, es zu erreichen.

Durch die emotionale Ausgeglichenheit, die der Chrysokoll also dadurch vermittelt, daß er Verstand (bewußtes Streben) und Gefühl (emotionale Bedürfnisse) in Einklang bringt, gewinnt man die Beständigkeit und innere Stabilität, die dem Stier zu eigen ist, und die Fähigkeit, trotz des Auf und Ab des Lebens, an seinen Zielen festzuhalten.

Körperlich wirkt er ebenfalls kühlend: fiebersenkend, entzündungshemmend, beruhigend und spannungslösend. Er hat einen positiven Einfluß auf Hals und Kehlkopf, die dem Stier körperlich zugeordnet sind, und bei Mandelentzündungen. Er regt die Leber an, fördert das Zellwachstum und den körperlichen Aufbau.

Da Chrysokoll durch seinen schwammartigen inneren Aufbau sehr stark absorbiert, d.h. Schwingungen aufnimmt, sollte er bei längerem Gebrauch häufig gereinigt werden.

2. Dekade: 1.5. - 10.5. Dekadenherrscher: Mond

Die 2. Dekade entspricht vor allem dem Traditionsbewußtsein des Stiers. In der Natur bilden abgestorbene Pflanzen und die Überreste anderer Lebewesen den Humus, das neue Erdreich, für die nachfolgenden Generationen. Genauso bilden die Erfahrungen der Voreltern, ihre materiellen, seelischen und geistigen Werte und ihre kulturellen Errungenschaften, den fruchtbaren Boden, auf dem das heutige Leben gedeihen kann.

Beobachtet man, was geschieht, wenn Menschen ihrer Kultur entfremdet, von ihren "Wurzeln" abgeschnitten werden, so erkennt man, wo letztlich die inneren Quellen der Kraft liegen – in der Seelen- und Bilderwelt (Mond), der eigenen Kultur und ihren überlieferten Werten.

Auf diese Erfahrung der festen Verwurzelung in der eigenen Seelenwelt gründet der Stier sein Leben. Bewußt oder unbewußt bildet sie die Basis, von der aus er sein Leben gestalten, von der aus er wachsen kann. Sie gibt ihm Sicherheit und sein stabiles Selbstbewußtsein. Daraus bezieht er seine große innere Kraft und Stabilität, seine Geduld und Zufriedenheit. Er kann dann seine irdischen Schätze genießen, hat ein klares Bewußtsein seiner körperlichen und seelischen Bedürfnisse und die Fähigkeit, sie sich zu erfüllen.

Der Aventurin

Chem. Zusammensetzung:	$SiO_2 + KAl_2((OH,F)_2/AlSi_3O_{10})$
	derber Quarz, Oxid
Spurenbestandteile:	Chrom
Kristallstruktur:	trigonal

Die starke "Erdung" und innere Ruhe, die für das Stierzeichen so charakteristisch sind, finden sich in der Wirkung des Aventurin wieder.

Durch seinen Gehalt an Kalium und Chrom löst er Dissonanzen im Gefühlsbereich auf und fördert die seelische Erholung und Regeneration sowie das Selbstwertgefühl. Er vermittelt innere Ruhe und Zufriedenheit, wenn man ungeduldig ist und das Gefühl hat, innerlich so sehr unter Druck zu stehen, daß schließlich gar nichts mehr gelingt.

Der Aventurin scheint dann eine Art inneren Raum zu öffnen, die Zufluchtsstätte der eigenen Seelen- und Bilderwelt, in der man sich entspannen, sich sicher und geborgen fühlen kann, so daß sich die aufgewühlten Gefühle und Gedanken ordnen. Man gewinnt schnell wieder festen Boden unter den Füßen und erneut Zugang zur eigenen inneren Kraftquelle, indem man sich

erinnert, wer man ist, was man eigentlich erreichen wollte und sich erst einmal von allen inneren und äußeren Ansprüchen frei macht.

Er vermittelt dann die Fähigkeit, sich den notwendigen Pflichten und Verantwortungen mit dem nötigen Mut, aber auch mit der Gelassenheit des Menschen zu stellen, dem bewußt ist, daß alles eben seine Zeit braucht, um zu wachsen und zu reifen. So wird man mit der ausgewogenen inneren Ruhe im emotionalen Bereich, die der Aventurin vermittelt, zufriedener, stabiler und belastbarer. Man ist sich dann auch seiner wahren seelischen und körperlichen Bedürfnisse mehr bewußt, räumt ihnen den nötigen Raum ein und lernt, die "irdischen" Freuden in Ruhe zu genießen.

Durch die Verbindung zur eigenen Innenwelt regt der Aventurin außerdem an, zu "träumen" (Mond) und seine "Lebensträume" Wirklichkeit werden zu lassen (Stier).

Körperlich stärkt und regeneriert der Aventurin das Herz und kann wegen seiner beruhigenden, entspannenden und stabilisierenden Wirkung zur Herzinfarktprophylaxe sowie zur Nachsorge eingesetzt werden. Er hilft bei Einschlafstörungen und bringt Linderung bei vielen psychosomatischen Leiden.

3. Dekade: 11.5. - 20.5. Dekadenherrscher: Saturn

Die 3. Dekade schließt die Phase der Stabilisierung ab. Das körperliche Wachstum ist im großen und ganzen abgeschlossen, die materiellen Grundlagen für das Leben und Überleben sind geschaffen. Die Erdverbundenheit des Stiers und seine Verbindung zu allem Materiellen äußert sich hier in einem ausgeprägten Realitätssinn und Pragmatismus. Sinnvoll ist, was eine sichtbare Wirkung erzielt, und der Wert einer Sache oder Handlung wird am sichtbaren Erfolg gemessen. Einfachheit und Zweckgerichtetheit prägen das Denken und Handeln.

So sind die Ziele, die der Stier anstrebt, meist von dieser Welt, konkret und greifbar, und mit der ihm eigenen Ausdauer und Entschlossenheit wird er sie langsam, aber sicher verwirklichen.

Der Rauchquarz

Chem. Zusammensetzung:	SiO_2, Kristallquarz, Oxid
Spurenbestandteile:	Aluminium, Lithium, Natrium
Kristallstruktur:	trigonal

Im Mineralreich entspricht der Rauchquarz diesen Eigenschaften. Er fördert vor allem die Fähigkeit, mit den materiellen Notwendigkeiten, der sogenannten Realität, und dem Alltag umzugehen.

Dazu ist eine Fähigkeit von besonderer Bedeutung: Die Fähigkeit, etwas zu beginnen, es fortzuführen und schließlich auch wieder zu beenden. Eine Unfähigkeit in einem oder mehreren dieser drei Punkte ist häufig der Grund, warum Menschen am Leben scheitern. Z.B. jemand, der immer nur etwas beginnt, es dann eine Weile fortführt, aber nie etwas zu Ende bringt, wird sich letztendlich in einem Zustand großer Verwirrung und Handlungsunfähigkeit wiederfinden. Er hat dann zu viele offene Zyklen, so daß er nicht mehr weiß, was er zuerst erledigen soll, und schließlich hat er auch keine Kraft mehr, überhaupt etwas zu tun. Denn in jedem dieser unabgeschlossenen Dinge steckt ein Teil seiner Energie fest. So verliert er immer mehr die Kontrolle über sein Leben. Diese Fähigkeit zur Kontrolle ist eine Eigenschaft der 3. Dekade Stier und des Rauchquarzes.

Entsprechend stärkt er die geistige und emotionale Beherrschung. Er hilft, das innere Feuer zu beherrschen und in gezielte irdische Aktivität umzusetzen und beharrlich an der Verwirklichung der eigenen Ziele zu arbeiten (Natrium). Damit fördert er die Konzentrationsfähigkeit, Entschlossenheit, Zielstrebigkeit und das Durchhaltevermögen. Er macht das Denken klar und nüchtern,

richtet es auf praktische und greifbare Ziele und fördert die Bereitschaft, sich mit den Belangen der materiellen Realität auseinanderzusetzen.

Er erhöht damit auch die Belastbarkeit, hilft, Leid und Anstrengung besser zu ertragen, schwere Zeiten leichter zu überstehen und trotzdem die Arbeit zu tun, die einfach getan werden muß. Dabei entspannt er und macht widerstandsfähiger gegen Streß (Lithium).

Körperlich wirkt der Rauchquarz ebenfalls spannungslösend. Auf muskuläre Verspannungen aufgelegt, lindert er schnell die Beschwerden. Am besten wirkt er im Lendenwirbel- und Steißbeinbereich, hat doch die Wirbelsäule, und vor allem der untere Teil im Bereich des 1. und 2. Chakra, mit materiellen Sorgen oder der Fähigkeit zu tun, die materiellen Realitäten zu meistern.

Ausgleichsteine des Stiers

Das Fundament der Meinungen und Ansichten des Stiers, seiner Betrachtungen und Bewertungen der Realität ist festgefügt. Es verleiht ihm seine vertrauenerweckende Stabilität, macht ihn aber auch oft schwerfällig und unflexibel. Hier kann ihm der **Chrysopal** mehr Leichtigkeit und Beweglichkeit vermitteln.

Der Stier ist in der Regel beherrscht und schwer aus der Ruhe zu bringen. Sein Anspruch an Logik und Rationalität läßt ihn oft vergessen, daß er eigentlich ein Gefühlsmensch ist. Seine Überzeugungen, auch wenn er sie mit überwältigend logischen und vernünftigen Argumenten untermauert, sind meist emotional begründet und verankert. Verleugnet er seine Gefühlsnatur und unterdrückt Emotionen, die anscheinend nicht in sein Weltbild passen, kann er äußerst engstirnig und rechthaberisch werden. Der **Malachit** hilft ihm, seine Gefühlsnatur anzuerkennen. Er macht unterdrückte Gefühle bewußt und hilft, angestaute Emotionen zu entladen. Damit fördert er die Selbsterkenntnis, so daß äußere Überzeugungen erneut in Einklang mit dem inneren Empfinden gebracht werden können und so wieder auf dem Fundament seiner großen inneren Kraft ruhen.

Da sich der Stier in der Regel seiner Sache sehr sicher ist und einmal getroffene Entscheidungen selten in Frage stellt, ist er von einem einmal eingeschlagenen Weg meist schwer wieder abzubringen. Diese an sich positive Eigenschaft wird ihm allerdings zum Verhängnis, wenn zwingende äußere Umstände eine Umorientierung verlangen. Hier hilft ihm der **Aktinolith,** das Alte hinter sich zu lassen, sich neu zu orientieren und auszurichten.

Da für den Stier Sicherheit sehr wichtig ist, verläßt er sich gerne auf Bekanntes und Bewährtes und ist im großen und ganzen eher konservativ eingestellt. Der **Moosachat** hilft ihm, seinen Horizont zu erweitern, mehr Toleranz und Offenheit zu entwickeln und so Neues und Unbekanntes leichter in sein Weltbild zu integrieren, ohne dabei den Boden unter den Füßen zu verlieren.

Oben (von links nach rechts): Malachit, Moosachat, Chrysopal; unten: Aktinolith

Zwillinge 21.5. - 20.6.

Entfaltung der Verstandeskräfte, Kommunikation

Planetenherrscher:	Merkur
Element:	Luft
Qualität:	Veränderlich / Yang
Leitsatz:	Ich denke
Jahreszeit:	Die Zeit, in der sich der Keimling in Stengel, Blatt und Knospe untergliedert
Körperl. Entsprechung:	Lunge, Bronchien, Arme und Hände

Zwillinge ist das Zeichen der Entfaltung der Verstandeskräfte und der Kommunikation. Es entspricht dem luftigen Reich des Götterboten Merkur, der Welt des abstrakten Denkens, des analytischen und des unterscheidenden Verstandes. Um kommunizieren zu können, gibt man nun den Dingen Namen und erhält damit die Möglichkeit, auf eine nicht mehr nur materielle, sondern auch geistig-abstrakte Art und Weise mit ihnen umzugehen. Man ist nicht mehr darauf beschränkt, materielle Dinge in einer physischen Welt zu bewegen, sondern bewegt Ideen, Gedanken und Konzepte im geistigen Bereich des Verstandes und der Phantasie.

So findet also in Zwillinge eine wesentliche Erweiterung der Möglichkeiten statt. Das neu entdeckte Instrument des Verstandes möchte genutzt und verfeinert werden. Der Zwillinge-Geborene will vor allem wissen. Er ist vielseitig interessiert, neugierig und offen für die verschiedensten Aspekte des Lebens. Er kann leicht unterschiedlichste Standpunkte einnehmen und in seine Betrachtungen mit einbeziehen, da er nicht mehr hauptsächlich emotional damit identifiziert ist. Die Entwicklung seines Verstandes und seines Abstraktionsvermögens schaltet eine Instanz zwischen ihn und das direkte Erleben, die nun unterscheidet zwischen Subjekt und Objekt, Ich und Nicht-Ich. Sie schafft eine neue Distanz, die ihm ermöglicht, die Dinge aus einer geeigneten Entfernung zu betrachten, er muß sie nicht mehr unbedingt erleben. Das unterscheidet ihn vor allem von den vorhergehenden Zeichen Widder und Stier, die sich vollkommen identifizieren mit dem, was sie tun und erleben: Widder mit seiner Idee, seinem nächsten Ziel; Stier mit dem, was er erschafft und gestaltet.

Dies gibt dem Zwilling die Möglichkeit, zu jedem Thema einen gefühlsneutralen, objektiven Standpunkt einzunehmen - oder auch mehrere. Er ist tolerant und wertet nicht. Ihn beschäftigt es, die Vielfalt des Lebens, die unendlichen Möglichkeiten in der Welt des Denkens zu erforschen und sich geistig auszuleben, nicht, sich auf einen Standpunkt festzulegen. So sammelt er Informationen und Wissen, ordnet sie ein, stellt Zusammenhänge her, bringt verschiedene Systeme und Betrachtungen miteinander in Verbindung. Dabei ist er äußerst kontakt- und kommunikationsfreudig: was er aufnimmt, möchte er auch weitergeben. Sprache und Schrift sind dabei sein Handwerkszeug, das er gerne bis zur höchsten Perfektion entwickelt.

1. Dekade: 21.5. - 30.5. Dekadenherrscher: Jupiter

Die 1. Dekade Zwillinge entspricht der Erweiterung des Horizonts und der Entwicklung des Denkens, die in diesem Zeichen stattfindet.

Stier beschäftigte sich mit praktischen Notwendigkeiten und materiellen Dingen, während der Zwillinge-Geborene sich vor allem im Reich der Gedanken und Vorstellungen zu Hause fühlt. Die Welt des abstrakten Denkens eröffnet ihm vielfältige Möglichkeiten unabhängig von der Schwere und relativen Unbeweglichkeit der materiellen Welt. So findet sich hier eine ungeheure Neugierde und Offenheit für alle Aspekte des Lebens. Das Sammeln von Informationen und das Einbeziehen verschiedenster Standpunkte und Betrachtungen erweitern den eigenen Blickwinkel und ermöglichen das Verstehen größerer Zusammenhänge.

Der Turmalin

Chem. Zusammensetzung:	$((OH/O/F)_4\,(BO_3)_2Si_6O_{18})$ + verschiedene Metalle Ringsilikat
Spurenbestandteile:	je nach Farbe verschieden
Kristallstruktur:	trigonal

Der Turmalin ist einer der vielfältigsten Steine des Mineralreichs. Seine Farben umfassen das ganze Spektrum, und oft finden sich mehrere in einem Kristall vereint, wie z.B. beim Wassermelonenturmalin oder anderen mehrfarbigen Turmalinen, in denen sie interessante, dreieckige oder sternförmige Muster bilden, die manchmal etwas an ein buntes Kaleidoskop erinnern. In seiner Zuordnung zum Zeichen Zwillinge ist also der bunte, mehrfarbige Turmalin angesprochen.

Damit steht der Turmalin in Beziehung zur Buntheit und Vielfalt des Lebens und der gedanklichen Möglichkeiten, die zu erforschen und zu erfahren für Zwillinge-Geborene so wichtig ist.

Der Turmalin ist ein sogenanntes Ringsilikat, d.h., er setzt sich aus säuberlich aufeinandergeschichteten, ringförmigen Silikatmolekülen zusammen, die so viele lange "Kanäle" bilden. Durch diese kann die Energie ungehindert fließen, was ihm eine sehr gute Leitfähigkeit verleiht.

Er hilft also, Energie, körperlich wie geistig, zu leiten und zu lenken und löst dabei eventuell vorhandene Blockaden auf. Dadurch verbindet er verschiedene Bereiche im Körper miteinander, aber geistig betrachtet auch verschiedene Seinsebenen: Lebenserfahrungen, Standpunkte und Betrachtungsweisen, hilft,

sie miteinander in Beziehung zu setzen und in einen sinnvollen Zusammenhang zu bringen.

Er vermittelt Offenheit, Toleranz und erweitert das Verstehen der Grundlagen des menschlichen Lebens. Die eigene Betrachtung wird differenzierter und ganzheitlicher, da man die vielfältigen Gesichter der Wahrheit auf den verschiedenen Seinsebenen einfach wahrnehmen und miteinbeziehen kann. So kann man letztendlich die Logik des Lebens erkennen, die verschiedenste Aspekte und Betrachtungsweisen in sich vereint.

Der Turmalin schafft dafür also die Voraussetzungen, indem er einen für die Vielfalt der Möglichkeiten öffnet und die gedankliche Aktivität steigert.

Er fördert so auch die Fähigkeit, Informationen aufzunehmen und zu verarbeiten, was sich körperlich auf eine verbesserte Nahrungsaufnahme und Verdauung auswirkt.

Zuletzt sei noch auf eine weitere Verwendungsmöglichkeit des Turmalins hingewiesen: Er wird wegen seiner elektrischen Eigenschaften häufig dazu verwendet, Narben zu entstören. Dabei löst er Energieblockaden, die durch eine Verletzung oder einen operativen Eingriff entstanden sind.

2. Dekade: 31.5. - 10.6. Dekadenherrscher: Mars

Die 2. Dekade betont vor allem die Kontaktfreudigkeit des Zwillings. Der feurige Mars, als Herrscher dieses Abschnitts des Tierkreises, sorgt hier für die nötige Dynamik, nach außen zu gehen und bewußt Kommunikation und Austausch mit anderen zu suchen. Es werden Beziehungen geknüpft und vielfältige Verbindungen geschaffen. Die eigenen Möglichkeiten erfahren eine Erweiterung über die Verbindung mit anderen.

Zwillinge-Geborene sind, so wie ihr Schutzpatron, der Götterbote Merkur, die geborenen Vermittler: Sie tragen eine Vielfalt von Informationen zusammen und geben sie gerne weiter. Sie sind meistens über alles, was sich in ihrer näheren oder weiteren Umgebung abspielt, bestens informiert, und sollten sie einmal selbst über etwas nicht Bescheid wissen, so kennen sie aber sicher jemanden, der es weiß...

Um diesen Zielen gerecht zu werden, ist ihre sprachliche Ausdrucksfähigkeit meist sehr gut entwickelt, und sie zeichnen sich durch Redegewandtheit und Schlagfertigkeit aus.

Der Chalcedon

Chem. Zusammensetzung:	SiO_2, faseriger Quarz, Oxid
Spurenbestandteile:	keine
Kristallstruktur:	trigonal, fasrig

Der Chalcedon ist traditionell als "Stein der Redner" bekannt. Schon Hildegard von Bingen schreibt in ihrem "Buch von den Steinen": "...Wer sich Festigkeit und Beherztheit wünscht, um eine Rede zu halten, und wer das, was er sagen möchte, geschickt vortragen möchte, der halte einen Chalcedon in der Hand..."

Diese Eigenschaft verdankt er einem interessanten Aspekt seiner Entstehungsgeschichte:

Durch Entzug von Wasser beginnt Kieselsäurelösung bei niedriger Temperatur und schwachem Druck auszukristallisieren. Dabei bildet sich zuerst der amorphe Opal, dann der tetragonale Cristobalit und daraus schließlich der trigonale Chalcedon. Seine Entwicklung verläuft also über einen ungeordneten (amorphen) zu einem sehr stabilen Zustand mittlerer Ordnung (trigonal).

So macht er Informationen und Wissen, das in meist bildhafter Form im (ungeordneten) Unterbewußtsein gespeichert ist, zugänglich, hilft, es mit dem bewußten Verstand zu erfassen und auch in Worten auszudrücken.

Seiner Entstehung bei niedrigen Temperaturen und geringem Druck verdankt er seinen kühlen, luftigen Charakter, der ihn ebenfalls mit dem luftigen,

verstandesbetonten Zwillinge-Zeichen in Verbindung bringt. So vermittelt er ein leichtes, beschwingtes Lebensgefühl, Inspiration und eine optimistische Grundstimmung, die wiederum die Kommunikations- und Kontaktfreudigkeit fördern.

Sowohl seine blaue Farbe als auch seine Signatur verweisen auf seine Wirkung bei allen Problemen und Erkrankungen, die vorwiegend mit dem Element "Luft" zu tun haben. Lunge und Bronchien als Organe des Luftaustauschs sind astrologisch ebenfalls dem Zwillinge-Zeichen zugeordnet. Der Chalcedon hilft also bei Erkrankungen der Lunge und der Atemwege, Erkältungskrankheiten im Hals und Rachenbereich und wirkt entzündungshemmend, schleimhautregenerierend und fiebersenkend.

Erkrankungen der Lunge haben oft mit Trauer und Sorge zu tun, und so findet hier die psychisch aufmunternde Wirkung des Chalcedons ihre Entsprechung im Körperlichen. Und auch die Inspiration, die er vermittelt, hat auf körperlicher Ebene anscheinend viel mit der Funktion der Lunge zu tun, wenn man bedenkt, daß dieses Wort vom lateinischen "inspirare" = einatmen abgeleitet ist. Auf Wetterfühligkeit, eine mangelnde Fähigkeit des Organismus, sich veränderten Bedingungen anzupassen, nimmt der Chalcedon ebenfalls positiv Einfluß. Er fördert somit geistig wie körperlich die Flexibilität, die Fähigkeit, sich veränderten Bedingungen und Situationen anpassen zu können.

3. Dekade: 11.6. - 20.6.   Dekadenherrscher: Sonne

Die 3. Dekade entspricht der Freiheitsliebe des Zwillings. Durch die Entwicklung seines rationalen Verstandes und Abstraktionsvermögens hat er sich weitgehend von den Banden der Emotionalität und des direkten körperlichen "Erleben-müssens" befreit. Er lebt in einer Welt der Gedanken, Ideen und Konzepte. Er identifiziert sich nicht mehr unbedingt mit einem bestimmten Standpunkt und bewahrt sich damit eine Freiheit und Ungebundenheit, die ihm alle Möglichkeiten offenläßt. Er ist in der Regel tolerant gegenüber anderen Meinungen oder Auffassungen und offen für jedwede Information oder Idee, wobei es ihm nicht darum geht, sie in irgendeiner Form zu beurteilen oder sie möglichst in die Tat umzusetzen, sondern sie mit dem, was er schon weiß in Beziehung zu setzen und neue Zusammenhänge herzustellen, um sich so ein vielschichtigeres und differenzierteres Bild der Wirklichkeit machen zu können.

Geborene dieser Dekade kennzeichnet somit ein hohes Maß an Flexibilität. Ihre Fähigkeit, Gedanken und Assoziationen erst einmal frei von praktischen Erwägungen und nicht gebunden an persönliche Emotionen fließen zu lassen, verleiht ihnen eine oft erstaunliche Erfindungs- und Improvisationsgabe.

Der Moosachat

Chem. Zusammensetzung:	SiO_2 + Eisensilikat faseriger Quarz, Oxid
Spurenbestandteile:	Aluminium, Calcium, Magnesium
Kristallstruktur:	trigonal

Der Moosachat ist trotz seines Namens eigentlich kein Achat, sondern gehört zur großen Familie der Chalcedone. So vermittelt er auch die Leichtigkeit, Offenheit und Flexibilität, wie im Kapitel über den blauen Chalcedon beschrieben, die allgemein für das Zeichen Zwillinge charakteristisch sind.

Die 3. Dekade und der Moosachat betonen dabei besonders den Aspekt der Liebe zu Freiheit und Ungebundenheit.

Seine spezielle Signatur, moosähnliche Strukturen, die ihn vom blauen Chalcedon unterscheiden, entsteht durch lange Silikatketten, die ihm auch seine besondere Wirkung verleihen.

So wie diese Ketten im Stein sichtbar sind, werden sie durch ihn auch in einem selbst sichtbar. Man wird sich der emotionalen und materiellen Zwänge bewußt, die einen in seiner Freiheit einschränken und daran hindern, seine vielfältigen gedanklichen Möglichkeiten zu erfahren und auszuleben. Der

Moosachat hilft, diese Ketten zu sprengen und sich geistig zu befreien. Er läßt erkennen, wie die Identifikation mit einer Idee, einem bestimmten Standpunkt oder irgendwelchen materiellen Dingen den eigenen Horizont einengt und Abhängigkeit erzeugt. Dadurch vermittelt er einen geistigen Freiraum, der Bewußtheit, Kommunikationsfähigkeit und intellektuelle Fähigkeiten fördert und zum Vorschein bringt.

Dabei gewinnt man die Fähigkeit, Gedanken und Ideen frei fließen zu lassen, ohne sich gleich von praktischen Erwägungen einengen und behindern zu lassen oder an fixen Ideen hängenzubleiben. Der Moosachat fördert also Inspiration, das assoziative Denken und die Erfindungs- und Improvisationsgabe.

Körperlich ist seine Wirkung der des blauen Chalcedons sehr ähnlich. Er fördert besonders die Schleimbildung bei festsitzendem Husten und die Genesung bei sehr hartnäckigen Infektionen.

Ausgleichsteine des Zwillings

Die Offenheit des Zwillings gegenüber anderen Menschen, Meinungen und Ansichten und sein Streben, möglichst viele Informationen zusammenzutragen, um die verschiedensten Aspekte eines Themas zu erfassen und in seine Betrachtungen miteinzubeziehen, kann in Situationen zu Schwierigkeiten führen, wo er gezwungen ist, einen konkreten eigenen Standpunkt zu beziehen und Entscheidungen zu treffen.

Hier gibt ihm das **Tigerauge** Entscheidungsfähigkeit, indem es ihm hilft, seine Gedanken zu konzentrieren und sich für eine gewisse Zeit von äußeren Einflüssen zu distanzieren. Es fördert so seine Fähigkeit, Informationen wirklich zu verarbeiten, indem er sich bewußt wird, ob sie sich in Übereinstimmung mit seiner persönlichen Realität bringen lassen. Er muß sich seiner persönlichen Bedürfnisse und Gefühle bewußt werden, die er als menschliches Wesen trotz aller Distanz ja immer noch hat, und seine abstrakten Theorien und Betrachtungen mit ihnen in Einklang bringen.

Dadurch gewinnt er wieder "Boden unter den Füssen", einen eigenen Standpunkt, der ihm hilft, sein Leben zu organisieren und auch in komplizierten und unüberschaubaren Situationen den Durchblick zu bewahren.

Durch seine Neugierde, das große Interesse an allem, was ihn umgibt, läßt sich der Zwilling leicht ablenken und beschäftigt sich meistens mit vielen verschiedenen Dingen und Themen gleichzeitig. Bleiben dabei zu viele Zyklen offen, entstehen Orientierungslosigkeit und Verwirrung. Hier hilft ihm der **Aquamarin**, seine Gedanken zu klären, sich auszurichten, konsequent und zielstrebig Angefangenes zu Ende zu bringen. Er vermittelt dem Zwilling auf leichte und fließende Art tiefe Einsicht und Erkenntnis und das Bewußtsein, daß Wissen auch verpflichtet.

Das luftige Temperament des Zwillings geht gerne den Weg des geringsten Widerstands und weicht unangenehmen Dingen oder schwierigen Aufgaben eher aus, indem er sich einfach mit etwas anderem beschäftigt. Aufgrund seines analytischen Verstandes und seiner Rednergabe findet er dann immer leicht eine Erklärung und Rechtfertigung für sein Verhalten. Der **gelbe Jaspis** fördert hier seine Aufrichtigkeit und Ehrlichkeit, auch sich selbst gegenüber. Er hilft ihm, die Dinge in Angriff zu nehmen, sich unangenehmen Aufgaben zu stellen und sie zu bewältigen. Er gibt ihm Durchhaltevermögen und die Fähigkeit, seine Ideen in die Tat umzusetzen.

Von links: Aquamarin, gelber Jaspis, Tigerauge

Krebs 21.6. - 22.7.

Entwicklung der Gefühlswelt

Planetenherrscher:	Mond
Element:	Wasser
Qualität:	Kardinal / Yin
Leitsatz:	Ich fühle
Jahreszeit:	Die Zeit der Fruchtbildung
Körperl. Entsprechung:	Magen, weibl. Brust, Drüsen

Mit dem Zeichen Krebs beginnt der Sommer. An seinem Beginn steht die Sommersonnenwende, einer der vier großen Fixpunkte im Jahr. Das äußere Wachstum von Widder bis Zwillinge hat seinen Höhepunkt erreicht und überschritten, als Zeichen der Natur werden nun auch die Tage wieder kürzer, und die Entwicklung tritt in eine neue Phase. Jetzt ist die Zeit, da die Frucht sich zu bilden beginnt, die den neuen Samen in sich birgt, der den kommenden Winter überdauern und im nächsten Frühjahr zu neuem Leben erwachen soll. Traditionell wird deshalb auch das Zeichen Krebs mit Fruchtbarkeit und Mütterlichkeit assoziiert. Die Frucht reift hier noch im Verborgenen, wird geschützt und genährt wie das Kind im Mutterschoß, bis es an der Zeit ist, nach außen zu treten und sich zu offenbaren.

Es findet eine Hinwendung zur Innen- und Gefühlswelt statt, die in der Astrologie auch vom Element Wasser und dem Mond symbolisiert wird, die beide dem Zeichen Krebs zugeordnet sind. So sind krebsgeborene Menschen sensibel und empfindsam, sie erfahren ihre Wirklichkeit über das Gefühl und sind mit allem in ihrem Leben, seien es Dinge, Menschen oder das, was sie tun, gefühlsmäßig verbunden.

Dies äußert sich auch in ihrer starken Verbindung zur Vergangenheit. Das Element Wasser steht auch für den Ursprung, den Urgrund, aus dem sich das Leben auf diesem Planeten entwickelte. Noch heute beginnt das körperliche Leben eines jeden Menschen im Wasser – im Fruchtwasser des Mutterschoßes und durchläuft in dieser Zeit alle Phasen der Evolution, vom Einzeller bis zum Menschen. Man schlägt hier eine Brücke zum Ursprung. Bezogen auf den einzelnen also, zur persönlichen Geschichte und Vergangenheit, zu all dem, was einen von Beginn an geprägt und zu dem gemacht hat, was man heute ist.

Hier wird man mit den Inhalten seines Unterbewußtseins konfrontiert, mit seinen "Seelenbildern", die mit starken Gefühlen verbunden sind. So ist Krebs das Zeichen der "Seele".

Seine Verbindung mit der Vergangenheit und dem eigenen Ursprung findet auch ihren Ausdruck in einer starken Beziehung zu Heim und Familie. Die Familie und sein Zuhause geben dem Krebs die nötige Wärme und Geborgenheit, die er braucht, um sein reiches Gefühlsleben zu entfalten.

1. Dekade: 21.6. - 1.7. Dekadenherrscher: Venus

In der 1. Dekade Krebs kommt, nachdem die Entwicklung der Verstandeskräfte im Zwilling abgeschlossen ist, die Seelen- und Gefühlsnatur des Menschen zum Vorschein. Hier entwickelt man seine weiche, empfindsame, romantische Seite. Dabei kommt man auch in Kontakt mit seinen Sehnsüchten nach Liebe, Wärme und Geborgenheit. Man sucht einen gefühlsmäßigen Austausch mit der Umwelt und empfindet, erfühlt die Welt um sich herum. Der Krebs ist vor allem empfänglich für die feinen Schwingungen seiner Umgebung, die jenseits der Worte liegen. Mit der Dekadenherrscherin Venus entwickelt er dabei seine Liebes- und Hingabefähigkeit und strebt nach Harmonie und gefühlsmäßiger Übereinstimmung.

Der Rosenquarz

Chem. Zusammensetzung:	SiO_2, derber Quarz, Oxid
Spurenbestandteile:	Eisen, Magnesium, Calcium, Mangan
Kristallstruktur:	trigonal

Der Rosenquarz als Entsprechung zur 1. Dekade Krebs ist ein Edelstein, der die Gefühlsseite des Menschen zum Vorschein bringt. So macht er weich und empfindsam, indem er den Kontakt mit der eigenen Innenwelt stärkt. Dabei fördert er das Bewußtsein für die tiefsten Sehnsüchte nach Liebe und Geborgenheit und der Verbindung mit dem Ursprung, die oftmals unter der harten Schale der Alltagspersönlichkeit und der Vernunft verborgen liegen. Er hilft, sich selbst und seine Bedürfnisse anzunehmen, sich selbst zu lieben und schafft damit auch die Voraussetzungen dafür, andere Menschen so annehmen zu können, wie sie sind. Man erkennt in seinem Herzen, daß alles miteinander verbunden ist und nichts getrennt vom anderen existieren kann. Indem man sich um sich selbst kümmert, schafft man auch die Voraussetzung, um für andere da sein zu können, genauso wie das, was man seinem Nächsten tut, man letztlich sich selbst gibt. In diesem Gefühl der Verbundenheit, der Rücksicht und des Füreinanderdaseins findet man dann auch die Geborgenheit, die man braucht, das Urvertrauen, das einem die Kraft gibt, im Leben zu bestehen, sowie eine große Hingabefähigkeit. Man entwickelt die Gewißheit, daß letztendlich das Weiche und Sanfte das Harte und Starke überwindet. Dabei macht der Rosenquarz durch seinen Eisengehalt allerdings keineswegs nur nachgiebig. Sanft, aber bestimmt ist man durchaus in der Lage, sich engagiert für die eigenen Bedürfnisse oder die anderer Menschen einzusetzen.

Die starke gefühlsmäßige Verbundenheit, Empfindsamkeit und Empfänglichkeit, die für das Zeichen Krebs sowie für den Rosenquarz charakteristisch sind, äußern sich auch in der Fähigkeit zur Rücksichtnahme und der liebevollen Fürsorge für alles Lebendige. Man weiß und spürt, was andere brauchen, um zu wachsen und zu gedeihen, so wie man selbst es braucht.

So wie er seelisch die Herzlichkeit fördert, wirkt der Rosenquarz auch im körperlichen Bereich durch seinen Gehalt an Magnesium, Calcium und Mangan stärkend auf das Herz. Seine rosa Farbe erhält er ebenfalls durch das Mangan, das die Empfindsamkeit und Empfänglichkeit in der Wirkung des Rosenquarzes hervorbringt. Körperlich stimuliert es die Geschlechtshormone und fördert dadurch die Fruchtbarkeit. Somit stärkt der Rosenquarz also die Empfängnisbereitschaft, die Fähigkeit, etwas aufzunehmen und anzunehmen, und, durch die wachstumsfördernde Wirkung von Mangan und Calcium, es in sich zu nähren und wachsen zu lassen.

2. Dekade: 2.7. - 11.7. Dekadenherrscher: Merkur

Die 2. Dekade entspricht der Erinnerungsfähigkeit des Krebses, seinem starken Bezug zur Vergangenheit.

Sein Zugang zur Seelen- und Bilderwelt des Unterbewußtseins, das ja vor allem von vergangenen Erfahrungen geprägt wurde, und sein starkes Gefühlsengagement in allen Dingen schaffen eine starke Verbindung zur Vergangenheit, der persönlichen und kollektiven Geschichte und ihren Prägungen. Man identifiziert sich mit diesen Bildern und definiert sich über seine Vergangenheit, seine persönliche Geschichte, die Geschichte seiner Familie, seiner Heimat, seines Landes. Man findet viele Krebs-Geborene, die sich für Ahnenforschung oder Geschichte interessieren und sich gerne mit Dingen aus der Vergangenheit umgeben, die eine spezielle Bedeutung für sie haben. Man empfindet sich hier als ein Glied in einer langen Kette von Erfahrungen und Geschehnissen, die das ausmachen, was man heute ist. Man weiß wer man ist, weil man weiß, wo man herkommt und wovon man geprägt wurde.

Hier finden wir auch ein sehr bildhaftes Vorstellungsvermögen, eine starke Phantasie und die Fähigkeit, Wissen und Erfahrungen, auch in Form von Märchen und Geschichten, sehr lebendig und bildhaft zu vermitteln.

Der Labradorit

Chem. Zusammensetzung:	$Na(ALSi_3O_8)Ca(Al_2Si_2O_8)$ Gerüstsilikat
Spurenbestandteile:	Eisen, Kalium, Barium, Strontium
Kristallstruktur:	triklin

Der 2. Dekade des Krebses entspricht der Labradorit. Kaum jemand, der ihn kennt, kann sich der Faszination dieses auf den ersten Blick eher unscheinbaren grauen Steins entziehen. Erst wenn man ihn im richtigen Licht betrachtet, zeigt er seinen tiefblauen Schimmer, der an die unendliche Tiefe und Weite des Meeres erinnert. So wie der Planet des Verstandes, Merkur, in dieser Dekade Licht auf die Inhalte der Gefühlswelt (Krebs) wirft, indem man sich erinnert, taucht man mit Hilfe des Labradorits in das tiefe Meer seines Unterbewußtseins und der eigenen Vergangenheit ein. Alte Bilder und Gefühle vergangener Erfahrungen werden plötzlich wach und dem Bewußtsein zugänglich. Je nach momentaner Verfassung können diese Erinnerungen freudiger oder schmerzhafter Natur sein, denn der Labradorit fragt nicht nach gut oder schlecht, angenehm oder unangenehm, sondern öffnet einfach den Zugang. Er gibt einem dabei die Möglichkeit, sich "richtig" und vollständig zu erin-

nern und dadurch Illusionen über sich selbst und die eigene Vergangenheit aufzulösen.

Der menschliche Verstand hat die Tendenz, unangenehme Erfahrungen ganz oder teilweise zu "vergessen" oder ein leicht verändertes Bild davorzusetzen, das einem angenehmer ist. Dies hat allerdings zur Folge, daß diese Dinge im Unterbewußtsein bestehen bleiben, von dort aus das gegenwärtige Verhalten beeinflussen und das Selbstbild prägen. Der Labradorit hilft also, sich an die wirklichen Geschehnisse und an alle mit ihnen verbundenen Wahrnehmungen und Gefühle zu erinnern und so vielleicht zu ganz anderen Schlüssen zu kommen als damals. Er fördert damit das Wachstum der Persönlichkeit durch die Auseinandersetzung und den bewußten Umgang mit der eigenen Vergangenheit und den inneren Bildern, die er zum Vorschein bringt.

Dies muß keineswegs dramatisch sein. Der Labradorit fördert einfach die Schätze des Unterbewußtseins zu Tage. Er stärkt die Phantasie und bringt dabei auch längst vergessene Talente und Fähigkeiten, Ziele und Absichten wieder in Erinnerung. Er öffnet damit auch den Zugang zu der Begeisterungsfähigkeit und Ideenfülle, die man als Kind noch hatte, und vermittelt eine lebendige, wenn auch manchmal etwas sprunghafte Kreativität, die aus dem Reichtum der eigenen Bilderwelt schöpft.

Er schenkt Gefühlstiefe und eine gute Intuition, da man der auf feinere Schwingungen abgestimmten Gefühlswelt näher ist und auch mehr bereit ist, auf diese "innere Stimme" zu hören.

Körperlich hilft er bei Rheumatismus, wirkt beruhigend, ausgleichend und stabilisiert das Säure-Base-Gleichgewicht.

3. Dekade: 12.7. - 22.7. Dekadenherrscher: Mond

Im Lebensgefühl dieser Dekade sind die Eigenschaften des Elements Wasser, durch die zweifache Herrschaft des Mondes, als Herrscher des Zeichens Krebs sowie der Dekade, besonders stark ausgeprägt. Man könnte es mit dem Bild eines Flusses vergleichen, der seinen Weg zum Meer nimmt – nicht immer den kürzesten, aber doch unaufhaltsam. Das Meer ist der Ursprung seiner Wasser, und sein letztendlich einzig bedeutsames Ziel ist es, wieder darin aufzugehen. Nicht, daß er bewußt und willentlich eine Anstrengung im Hinblick darauf unternähme, vielmehr folgt er dabei einfach den natürlichen Gesetzen des Lebens. So wie das Wasser der Schwerkraft und den natürlichen Gegebenheiten der Landschaft folgt und sich ihr anpasst, lebt auch der im Tierkreiszeichen Krebs Geborene sein Leben. Er reagiert sensibel auf alle Einflüsse seiner Umgebung, weshalb sein Leben viele unvorhergesehene Wendungen und Umwege nehmen mag. Doch die Kraft, die die Wasser des Flusses unaufhaltsam dem Meer zuträgt, entspricht seinem Bewußtsein und Vertrauen, daß es letztendlich gar keine andere Möglichkeit gibt, als dort wieder anzukommen, von wo er einmal ausging. Er lebt eingebunden in die Rhythmen der Natur und des Lebens, die ihn sowieso seiner Bestimmung zutragen.

Hier haben wir die Grenzen des Verstandes und seiner Logik vollends überschritten. Seine vernünftigen Erklärungsmodelle der Wirklichkeit werden abgelöst von einem intuitiven gefühlsmäßigen Erfassen der Wirklichkeit in ihrer Ganzheit. Der Krebs erfühlt die Welt und handelt aus seinem inneren Wissen heraus intuitiv.

Damit schlägt er aufs neue eine Brücke zur "göttlichen" Schöpferkraft des Ursprungs, der allumfassenden Wahrheit jenseits der Formen. Er lebt in ihr behütet und nährt sie in seinem Inneren, bis sie im folgenden Löwezeichen bewußt eingesetzt und zum Ausdruck gebracht werden kann.

Der Mondstein

Chem. Zusammensetzung:	$K(AlSi_3O_8)$, Gerüstsilikat
Spurenbestandteile:	Natrium, Eisen, Barium
Kristallstruktur:	monoklin

Schon sein Name läßt keinen Zweifel an der Beziehung dieses Edelsteins zum Mond und damit zur 3. Dekade Krebs. Sein "Innenleben" ist bewegt wie das des Krebses. Seine verschiedenen Anteile trennen und vermischen sich beständig, so wie auch der Mond ab- und zunimmt, deshalb kann er sein Aussehen, wie man ihm schon von alters her nachsagt, mit den Stimmungen seines Trägers und den äußeren Einflüssen, denen dieser ausgesetzt ist, verändern. Entsprechend dieser Veränderlichkeit ist seine Wirkung. Er sensibilisiert und fördert das Einfühlungsvermögen, fördert die feine Wahrnehmung von atmosphärischen Schwingungen, Gefühlen und Stimmungen. Man reagiert stark auf Umwelteinflüsse, kann sich aber auch schnell und mühelos veränderten Umständen anpassen. Er schärft das Bewußtsein für die eigenen inneren Zyklen und Rhythmen, z.B. körperliche, seelische und geistige Hoch- und Tiefphasen, Wach- und Schlafphasen, und hilft, in Übereinstimmung mit ihnen, sein Leben zu gestalten und sie gegebenenfalls wieder in Übereinstimmung mit den natürlichen Zyklen, z.B. der Jahreszeiten, des Mondes oder des Wechsels von Tag und Nacht, zu bringen.

Damit wirkt der Mondstein ebenfalls auf den weiblichen Zyklus und somit förderlich auf die Fruchtbarkeit der Frau.

Auch bereichert, vertieft und harmonisiert er das Gefühlsleben, das ja auf der körperlichen Ebene eng mit dem Wasserhaushalt des Körpers und daher mit den enthaltenen Elementen Kalium und Natrium verbunden ist.

Er regt das Träumen an, bringt hellsichtige Träume und fördert die Intuition. Man kann seinem Gefühl, seiner inneren Stimme vertrauen, während man die Eingebungen des gewöhnlichen Verstandes überprüfen sollte, da dieser sich hier mehr dem Wunsch als der Wirklichkeit verpflichtet fühlt.

Entsprechend seiner Zugehörigkeit zum Mond läßt sich der Mondstein auch besonders erfolgreich in Übereinstimmung mit den Mondphasen einsetzen. Durch seine Wirkung auf die Körperflüssigkeiten, Drüsen und den Lymphfluß kann er bei Schwellungen und Ödemen eingesetzt werden. Bei abnehmendem Mond wird dabei seine Wirkung verstärkt, diese zu vermindern oder zum Abklingen zu bringen. Bei zunehmendem Mond wird er dagegen bei allem eingesetzt, dessen Wachstum oder Einfluß gefördert werden soll.

Ausgleichsteine des Krebs

Da der Krebs ein so gefühlsbetontes Zeichen ist und stark von seiner Umgebung beeinflußt wird, ist er oft starken Stimmungsschwankungen unterworfen. Hier schafft der **Amazonit,** ein weiterer Vertreter der Feldspat-Familie wie schon der Mondstein und der Labradorit, einen emotionalen Ausgleich. Er gibt ihm ein Gefühl der inneren Ruhe und des Gottvertrauens.

Der **Carneol** schenkt dem Krebs Mut und Stehvermögen, so daß er sich nicht so leicht beeinflussen und von einem einmal gefaßten Entschluß oder einem Vorhaben abbringen läßt. Er gibt ihm die Kraft, sich immer wieder zu überwinden, aktiv zu werden und sich für die Verwirklichung seiner Ziele einzusetzen. Er hilft ihm, seine Aufmerksamkeit auf die Gegenwart zu richten.

Auch der **Calcit** macht den Krebs standhaft und fördert seine Selbständigkeit. Er beschleunigt notwendige Entwicklungen und hilft, den eigenen Ideen konkrete Gestalt zu geben und sie auch umzusetzen. Er hilft ihm, den Herausforderungen des Lebens gewachsen zu sein und wirkt positiv auf Angst und Melancholie.

Seine Empfindungsfähigkeit und sein Einfühlungsvermögen machen den Krebs empfindlich und leicht verletzbar. So zieht er sich oft, zutiefst unglück-

Oben und links unten Calcit; in der Mitte Karneol (links) und Bernstein; unten Amazonit

lich, in seine harte Schale zurück und hadert mit sich selbst, der Welt und seinen Mitmenschen. Hier gibt ihm der **Bernstein** wieder den Glauben an die eigene Kraft und sein inneres Licht, seine innere Sonne. Er schenkt ihm Sicherheit und Geborgenheit und die nötige Vitalität, auch wieder nach außen zu gehen. Er macht fröhlich, kreativ und stimuliert ein konstruktives, positives Denken.

Löwe 23.7. - 22.8.

Schöpferkraft

Planetenherrscher:	Sonne
Element:	Feuer
Qualität:	Fix/Yang
Leitsatz:	Ich bin; ich kam, sah, siegte
Jahreszeit:	Die Zeit der Fruchtreife
Körperl. Entsprechung:	Herz, Blutkreislauf

Löwe ist das Zeichen des Hochsommers. Hier hat die Sonne ihre größte Kraft, daher ist sie auch diesem Zeichen astrologisch zugeordnet. Sie ist das Zentrum und die Energiequelle unseres Planetensystems und symbolisiert somit das Zentrum der Persönlichkeit. Sie stellt die ganz persönliche Kraft und Ausstrahlung eines Menschen dar, die hier im Zeichen Löwe ebenfalls den Punkt ihrer größten Wirksamkeit erreicht hat.

Die innere Kraft und der Reichtum, die der Krebs in den Tiefen seiner eigenen Gefühlswelt fand und im Verborgenen nährte, wird hier nun veräußerlicht, selbstbestimmt und kreativ genutzt. Schöpferkraft ist das Schlüsselwort für den Löwen. Er verwirklicht sich in seinen Schöpfungen, drückt sein innerstes Wesen durch sie aus. Er ist fähig, Großes zu schaffen, durch das er sich selbst in seiner Größe und Einzigartigkeit darstellen kann. Seine starke Ausstrahlung und ein unverwüstliches Selbstvertrauen sowie der starke Drang, seine Welt nach eigenen Wünschen, Vorstellungen und Maßstäben zu gestalten, machen ihn zum geborenen Herrscher. Dabei betrachtet er das Leben im Grunde als ein Spiel, dessen Spielregeln er selbst bestimmt. Er weiß, daß er es ist, der seine eigene Wirklichkeit erschafft, die über die Grenzen seiner Person hinweg ausstrahlt. So wird er leicht zur Führungs- und Integrationsfigur für viele, zum Rhythmus- und Impulsgeber, zum Zentrum seiner Umgebung, wie es das Herz, das ihm zugeordnet wird, für den Körper ist.

Die Natur präsentiert in dieser Jahreszeit die Fülle ihrer Früchte, man kann aus dem Vollen schöpfen, an nichts ist Mangel. Auch der Löwe schöpft aus dem Vollen. Seinem Lebensgefühl entspricht die warme, sonnige, sorgenfreie Zeit des Sommers. So ist er warmherzig, offen, großzügig und optimistisch.

1. Dekade: 23.7. - 1.8. Dekadenherrscher: Saturn

Mit ihrem Herrscher Saturn, der Form und Struktur repräsentiert, kommt in dieser Dekade vor allem die Fähigkeit und der Wunsch des Löwen zum Ausdruck, die Welt nach seinen eigenen Vorstellungen und Maßstäben zu gestalten. Der innere, seelische Reichtum des Krebses beginnt sich hier nach außen zu entfalten und eine feste, sichtbare Form anzunehmen.

Die dem Löwen eigene Schöpfer- und Gestaltungskraft zeigt sich hier auch als Organisationstalent. Seine Ausstrahlung von Autorität, Würde und Selbstbewußtsein macht ihn zu einer Identifikations- und Integrationsfigur, zum geborenen Herrscher, der viele verschiedene Menschen für ein Ziel oder Projekt unter sich vereinen und kompetent führen kann. Dabei betrachtet er seine Führungsrolle als seinen Auftrag, seine Pflicht, durch die er seine Kraft, sein Wissen und Können den Menschen zur Verfügung stellt. Er weiß, daß er den Menschen durch das, was er verkörpert und seine Lebenserfahrung etwas Wichtiges zu geben hat.

Der Chrysoberyll

Chem. Zusammensetzung:	Al_2BeO_4, Oxid
Spurenbestandteile:	Titan
Kristallstruktur:	rhombisch

Dem entspricht im Reich der Mineralien der Chrysoberyll. Als Aluminiumoxid stärkt er die eigene Identität und deren Ausdruck verbunden mit der Wirkung des Berylliums, das eine gewisse Strenge, Zielstrebigkeit und Konsequenz vermittelt.

Er stärkt die Selbstdisziplin und Selbstbeherrschung, strategisches Denken und das Organisationstalent. Damit fördert er Autorität und Führungsqualitäten, die auf erarbeitetem Wissen und Können, auf wirklicher Kompetenz beruhen. Seit alters her war der Chrysoberyll auch als ein Stein für Regenten und Feldherren bekannt.

Auf der seelischen Ebene fördert er durch seinen Gehalt an Titan Aufrichtigkeit, Selbständigkeit und geistige Größe, er stabilisiert und fördert den Ausdruck der eigenen Individualität. Damit trägt er dazu bei, eigene Wege zu gehen, die Kraft und Besonderheit, die der Persönlichkeit innewohnt, und die eigene Schöpferkraft zu entfalten und auszudrücken. Mit der ganzen Zielstrebigkeit des Berylls regt er dazu an, nur die Dinge zu tun, die dem eigenen Wesen entsprechen, Ausdrucksmöglichkeiten zu finden, die der Einzigartigkeit der eigenen Persönlichkeit gerecht werden können. Dabei bringt er verborgene Talente ans Licht.

Körperlich stärkt der Chrysoberyll die Selbstheilkräfte, hilft gegen Erkrankungen und Entzündungen im Brustraum und stärkt die Leber.

2. Dekade: 2.8. - 12.8. Dekadenherrscher: Jupiter

In der 2. Dekade kommt vor allem die charismatische Ausstrahlung des Löwen zum Ausdruck. Es fällt ihm leicht, andere von sich selbst und der guten Sache, für die er sich gerade begeistert stark macht, zu überzeugen. Er zeigt gern seine Größe und seine Großzügigkeit. Überhaupt stellt er sich gerne dar, versteht es, sich selbst ins rechte Licht zu setzen und ist dadurch meist sehr erfolgreich. Die Bewunderung der anderen ist sein Lebenselixier. Dazu tragen auch sein unverwüstliches Selbstvertrauen und sein unverbesserlicher Optimismus bei. Niemand glaubt so sehr an sich, die Rolle, die er sich selbst zugedacht hat in diesem Lebensspiel, und seinen Erfolg wie er.

Im Grunde betrachtet er das Leben als ein Spiel mit unendlichen kreativen Möglichkeiten, die nur darauf warten, von ihm ausgeschöpft zu werden.

Der Goldtopas

Chem. Zusammensetzung:	$Al_2(F_2SiO_4)$, Inselsilikat
Spurenbestandteile:	Phosphor
Kristallstruktur:	rhombisch

Der Goldtopas, auch Imperialtopas genannt, gilt seit langer Zeit als Stein der Sonne, was sowohl von seiner goldgelben Farbe als auch von seinem Gehalt an Phosphor unterstrichen wird. Phosphor, vom griechischen "phosphoros" = "Lichtbringer", ist ein "lichtes", feuriges Element, das Energiereserven freisetzt, Inspiration, Selbstbestimmung und Charisma fördert.

So ist der Goldtopas ein Stein, der wie kein zweiter Selbstbewußtsein und Selbstsicherheit vermittelt. Er stärkt durch seinen Gehalt an Aluminium das Bewußtsein der eigenen Individualität und Einzigartigkeit und gibt dadurch eine stabile innere Sicherheit, das feste Vertrauen in die eigenen Fähigkeiten. Er hilft nicht nur dabei, seine Stärken zu erkennen, sondern auch die eigenen Vorzüge und Talente ins rechte Licht zu setzen, sich selbst vorteilhaft und überzeugend zu präsentieren. Dadurch kann man seinen Wirkungsbereich immer mehr ausdehnen, man nimmt sich den Raum für die Entwicklung und freie Entfaltung seiner Persönlichkeit (Jupiter) und füllt ihn mit eigenen Ideen und Vorstellungen (Löwe) aus. Man wird mehr und mehr Ursache, bestimmt selbst Richtung und Ziel seines Lebens und hat Erfolge. Das Selbstbewußtsein, das daraus erwächst, verleiht eine starke charismatische Ausstrahlung. Das Bewußtsein der eigenen Größe erlaubt, auch anderen gegenüber großzügig zu sein. Man lernt, das Leben als Spiel unendlicher kreativer Möglichkeiten zu begreifen, die nur darauf warten, genutzt und in eine sichtbare

Form gebracht zu werden, um einem selbst und anderen Freude und Erfüllung zu bringen.

Körperlich stärkt der Goldtopas die Nerven, vor allem im Bereich des "Sonnengeflechts", das in direkter Beziehung zur eigenen Sicherheit im Ausdruck der Persönlichkeit und des Selbstvertrauens steht. Es befindet sich in der Körpermitte in der Höhe des Magens, und wer kennt nicht das flaue Gefühl in der Magengegend in Momenten der Angst und Unsicherheit. So bringt der Goldtopas auch schnelle Abhilfe beim sogenannten "Lampenfieber", von dem selbst an große Auftritte gewöhnte Persönlichkeiten häufig nicht verschont bleiben.

3. Dekade: 13.8. - 22.8. Dekadenherrscher: Mars

Die 3. Dekade entspricht dem Drang des Löwen nach Selbstverwirklichung und seiner ausgeprägten Willenskraft. Er ist sich der Einzigartigkeit seiner Persönlichkeit mit ihren speziellen Talenten und Fähigkeiten bewußt und weiß, sie zu nutzen. Seine Unternehmungslust und sein Ehrgeiz, Großes zu schaffen, helfen ihm, sich durchzusetzen, seinen Ideen zum Durchbruch zu verhelfen und untermauern seinen Führungsanspruch. Er will der Erste und der Beste sein. Sich selbst uneingeschränkt und frei ausdrücken und ausleben zu können, ist für ihn von großer Bedeutung. Er erlebt und definiert sich selbst über seine Schöpfungen und Taten, sie sind Teile seines Wesens, nach außen gebracht und sichtbar gemacht. Stolz und selbständig, weiß er, daß er selbst es ist, der sein Schicksal bestimmt und sein Leben gestaltet.

Der Citrin

Chem. Zusammensetzung:	SiO_2, Oxid
Spurenbestandteile:	Eisen, Aluminium, Lithium, Natrium
Kristallstruktur:	trigonal

Der Citrin ist dieser 3. Dekade des Löwen zugeordnet. Seine im Idealfall goldgelbe Farbe verbindet ihn mit diesem Zeichen der Sonne, sein Gehalt an Eisen mit dem dynamischen, kriegerischen Mars, dem Herrscher dieser Dekade. So regt er stark die körperlichen und geistigen Energien an und hilft, sie nach außen zu richten, sie engagiert und kreativ für lohnende Projekte einzusetzen. Wie alle dem Löwen zugeordneten Steine fördert auch er die Individualität und den Selbstausdruck. Er stärkt die Fähigkeit, die eigenen Wünsche und Ansprüche ohne Zurückhaltung zu vertreten und auszuleben, hilft, Ideen und Vorstellungen zu verwirklichen und gegen Widerstände durchzusetzen. Somit gibt er vor allem Selbstvertrauen und Durchsetzungsvermögen.

Er stärkt das Bedürfnis nach Freiheit und Selbstbestimmung, einen gesunden Ehrgeiz und das Bewußtsein, daß es nichts gibt, was man nicht erreichen könnte, wenn man es wirklich will. Er vermittelt die Lebensfreude und Dynamik des Menschen, der überzeugt genug von sich selbst und seiner Kraft ist, daß ihm kein Hindernis zu groß und kein Weg zu weit ist, um seine großartigen Pläne in die Tat umzusetzen.

Der Citrin hilft, Depressionen zu überwinden, die ihre Ursache darin haben, daß man sich aus Angst oder Unsicherheit in seinem Selbstausdruck zu sehr zurücknimmt und so seine eigenen Vorstellungen und Ideen nicht

durchsetzen und verwirklichen kann. Er gibt die Kraft und das Selbstbewußtsein, um sich von bedrückenden oder unterdrückenden Einflüssen zu befreien.

Er fördert die Fähigkeit, sich mit den Dingen, wie sie wirklich sind, auseinanderzusetzen und damit aufgenommene Eindrücke geistig zu verdauen.

Somit regt er auch die körperliche Verdauung an, fördert die Funktion von Magen, Milz und Bauchspeicheldrüse und stärkt die Nerven.

Ausgleichsteine des Löwen

Der Löwe ist stolz und haßt nichts so sehr, wie sich einem fremden Willen beugen zu müssen. Seine natürliche Autorität und Fähigkeit zu führen können sich zu Arroganz und Despotismus entwickeln, wenn sie zum Selbstzweck werden, allein der Selbstüberhöhung und persönlichen Machtentfaltung oder -erhaltung dienen. Hier lehrt ihn der **Kunzit** Demut und läßt ihn erkennen, daß auch er Teil einer größeren Ordnung und sein persönlicher Wille nicht unbedingt das Maß aller Dinge ist. Er fördert seine Bereitschaft, seine große kreative Kraft und seine besonderen Fähigkeiten in den Dienst eines hohen Ideals zu stellen, das über die bloße Befriedigung seiner persönlichen Wünsche hinausgeht. Er stärkt seine Liebes- und Hingabefähigkeit und seine Achtung vor allem Leben sowie die Wahrnehmung der Bedürfnisse anderer Menschen und Lebewesen. Somit wird er vom Herrscher zum König, indem er die tiefe Wahrheit des alten Ausspruchs wirklich begreift: " Ein wahrer König ist der erste Diener seines Volkes."

Der **Diamant** fördert die Selbsterkenntnis des Löwen. Er läßt ihn erkennen, wo das Bild, das er nach außen von sich aufgebaut hat, die Rollen, die er spielt, nicht mehr mit seinem Wesenskern und seiner inneren Realität übereinstimmen. Er zeigt ihm, wo er aus Bequemlichkeit oder Geltungsdrang faule Kompromisse eingegangen ist, seine ursprünglichen Ziele und Ideale verraten hat. So stärkt er das ethische Empfinden des Löwen und fördert die Veredelung seines Charakters. Er bringt seinem eher dramatischen Temperament und subjektiven, selbstbezogenen Denken mehr Nüchternheit und Objektivität und macht ihm bewußt, daß es auch für ihn immer noch etwas dazuzulernen gibt.

Oft fühlt sich der Löwe in größeren Gruppen unwohl und zutiefst unsicher, da es ihm hier schwerfällt, als einer unter vielen seine Persönlichkeit angemessen zum Ausdruck zu bringen. Der **Dravit (brauner Turmalin)** hilft dem Löwen, Gemeinschaftssinn und soziales Engagement zu entwickeln, sich einzufühlen, einzufügen und mit einem größeren Ganzen zu identifizieren, ohne das Gefühl für sich selbst und seine Eigenart zu verlieren. Er verleiht auch seiner Kreativität eine einfache pragmatische Qualität, gepaart mit handwerklichem Geschick.

Links oben: Kunzit; rechts unten: Dravit; links unten: Diamant

Jungfrau 23.8. - 22.9.

Anpassung

Planetenherrscher:	Merkur
Element:	Erde
Qualität:	Veränderlich/Yin
Leitsatz:	Ich prüfe
Jahreszeit:	Die Zeit der Ernte
Körperl. Entsprechung:	Darm, Verdauungstrakt, Stoffwechsel

Jungfrau ist das Zeichen der Ernte. So wird sie oft als die griechische Göttin Demeter mit einer reifen Kornähre in der Hand dargestellt. Die Entwicklung des Ego, das Bewußtsein, eine unabhängige, selbständige Persönlichkeit zu sein und deren uneingeschränkter Selbstausdruck, in der Form seiner kreativen Schöpferkraft, fand im Zeichen Löwe seinen Höhepunkt und damit auch sein Ende. Auch der Höhepunkt des Sommers ist überschritten, die Tage werden merklich kürzer, die Nächte kühler, und man beginnt, sich mit den Vorbereitungen auf die Zeit des Winters zu beschäftigen: dem Einbringen der materiellen oder geistigen Früchte des Jahres.

Jungfrau ist eine Zeit der Reflexion, des Zurückgeworfenseins auf sich selbst. Man prüft die Resultate, die die bisherigen Taten und Entwicklungen gebracht haben und kann sie, wenn notwendig, korrigieren. Ihre Unterscheidungskraft und Kritikfähigkeit, ihre große Fähigkeit zur gründlichen Analyse helfen der Jungfrau zu entscheiden, was für die weitere Entwicklung, für das Überleben unter veränderten Bedingungen in der eher kargen Zeit des Winters, nützlich und notwendig oder eher überflüssig und schädlich ist. So "verarbeitet" sie die Früchte des Sommers und die Erfahrungen der bisherigen Entwicklung.

Sie ist ein Meister der Anpassungsfähigkeit und versteht, ihre Handlungs- und Vorgehensweisen entsprechend den vorliegenden Gegebenheiten zu gestalten. Auch ihre Detailliebe kommt hier zum Tragen. Es genügt ihr nicht zu wissen, daß etwas funktioniert, sie will wissen, wie es genau funktioniert, um es nötigenfalls verbessern oder veränderten Notwendigkeiten anpassen zu können. Sie ist ständig bestrebt, die Dinge, mit denen sie zu tun hat, zu verbessern und noch effektiver zu machen, so wie sie auch ihr ganzes Leben, ihren Alltag, ihre Arbeit, möglichst einfach und effektiv gestalten möchte. Dabei hilft ihr auch ihr ausgeprägter Ordnungssinn und ihre klare, nüchterne Art zu denken.

Dies alles bezieht sich ebenfalls auf körperliche Belange. So sind jungfraugeborene oder -betonte Menschen meist sehr an Fragen der Gesundheit und gesunder Ernährung interessiert. Sie sind bestrebt, ihren Körper sowie alles andere, mit dem sie zu tun haben, sauber, ordentlich und funktionstüchtig zu erhalten.

1. Dekade: 23.8. - 2.9. Dekadenherrscher: Sonne

Diese 1. Dekade der Jungfrau ist vor allem eine Zeit der Besinnung, der Verinnerlichung, des Rückzugs auf sich selbst. Es ist Zeit, Bilanz zu ziehen und sich veränderten Gegebenheiten anzupassen. Der Höhepunkt des Sommers, der Zeit, in der alles im Überfluß vorhanden war und man seine Kraft großzügig verausgabte, ist vorüber. Im Hinblick auf die karge Zeit des Winters muß jetzt geplant und organisiert, die materielle und geistige Ernte des Jahres eingebracht und sinnvoll verwertet werden. Unterscheidungskraft und Kritikfähigkeit helfen hier, bisherige Entwicklungen gründlich zu analysieren und, wenn nötig, Fehler zu korrigieren. Jungfrau haushaltet mit ihrer Kraft, setzt sie gezielt und wohlüberlegt ein, um die gewünschten Ergebnisse zu erzielen. Damit gewinnt sie notwendige Reserven und baut genug Widerstandskraft auf, um kommende Zeiten gut zu überstehen.

Der Heliotrop

Chem. Zusammensetzung:	SiO_2 + Chlorit, Oxid
Spurenbestandteile:	Aluminium, Eisen, Magnesium
Kristallstruktur:	trigonal

Heliotrop ist griechisch und bedeutet "Sonnenwender". Frei übersetzt bedeutet er also die "Hinwendung zur inneren Sonne", entsprechend der Verinnerlichung und dem Rückzug auf sich selbst, die für die 1. Dekade Jungfrau charakteristisch sind. Er wirkt einerseits durch seinen Gehalt an Magnesium beruhigend und entspannend, stärkt dadurch auch die Konzentrationsfähigkeit und Besinnung sowie die Fähigkeit, sein Verhalten den äußeren Umständen anpassen zu können. Andererseits fördert er durch seinen Gehalt an Eisen aber auch den Mut und den Willen zur Veränderung und Verbesserung bestehender Umstände. So gibt er die nötige Stärke, sich in Übergangszeiten auf sich selbst zu besinnen, die eigenen Stärken und Schwächen zu sehen und zu analysieren und, wenn nötig, Korrekturen vorzunehmen. Durch diese "Bestandsaufnahme" und das Umsetzen notwendiger Veränderungen und Verbesserungen werden alle geistigen, seelischen und körperlichen Kräfte neu "geordnet", was sich auch ausgesprochen positiv auf Gesundheit, Wohlbefinden und Leistungsfähigkeit auswirkt.

So macht er geistig anpassungsfähig und hilft, sich schnell auch auf unvorhergesehene Situationen einzustellen, sich den äußeren Notwendigkeiten optimal anzupassen und damit die eigene Kraft gezielt und wohlüberlegt einzusetzen.

Dies spiegelt sich dann auch auf körperlicher Ebene wider, da ein anpassungsfähiger Organismus gesünder und widerstandsfähiger gegen äußere Einflüsse ist. So hilft der Heliotrop, Widerstandskraft gegen Infektionen aufzubauen. Er aktiviert dabei die unspezifische Immunabwehr und ist deshalb in der Steinheilkunde als "Echinacin" unter den Steinen bekannt. Rechtzeitig angewandt, kommen so heraufziehende Infekte oft gar nicht erst zum Ausbruch.

Er verbessert die Qualität der Körperflüssigkeiten und die Ausgewogenheit des Säure-Base-Gleichgewichts, stärkt die Vitalität und Regenerationsfähigkeit. Er aktiviert das Immunsystem, wirkt fiebersenkend und lindernd bei Entzündungen und lokalen Infektionen und beschleunigt die Wundheilung. Durch seine krampflösende und schmerzstillende Wirkung erleichtert er auch die Entbindung.

2. Dekade: 3.9. - 12.9. Dekadenherrscher: Venus

Die 2. Dekade des Jungfrauzeichens steht für geistige, körperliche und seelische Gesundheit und Reinigung. Diese Gesundheit auf allen Ebenen ist hier eng mit der Fähigkeit verknüpft, klar zwischen dem zu unterscheiden, was nützlich und notwendig für das materielle Überleben und die geistig-seelische Entwicklung ist und was schädlich oder unnützer Ballast ist, der ausgeschieden oder losgelassen werden muß. Befreit von unnötigen Belastungen wird man so wieder flexibel und anpassungsfähig, fähig, den Anforderungen des täglichen Lebens gewachsen zu sein.

Dabei findet man zu einer Ausgewogenheit aller Seinsebenen als Grundlage der "Gesundheit". Geben und Nehmen sind ausgeglichen, man gibt nicht mehr als man hat und nimmt nicht mehr als man braucht. Dann fühlt man sich eingebunden in eine größere Ordnung, von der man getragen wird und zu der man an seinem Platz und mit seinen persönlichen Möglichkeiten bestmöglich beiträgt. Man ist sich der Pflichten bewußt, die die irdische Realität auferlegt, hat mit dem Alltag Frieden geschlossen und kann die Schönheit genießen, die diese Welt zu bieten hat. So wird hier Gesundheit nicht nur zu einem Gefühl der "Stimmigkeit" und Harmonie in einem selbst, sondern auch mit der Umgebung, zu einem umfassenden "Heilsein".

Der Chrysopras

Chem. Zusammensetzung:	SiO_2, Oxid
Spurenbestandteile:	Nickel
Kristallstruktur:	trigonal

Der Chrysopras als Stein der 2. Jungfraudekade gehört zur Familie der Chalcedone und wurde seit der Antike dem Planeten Venus zugeordnet. Allerdings symbolisierte er nicht den körperlichen, sinnlichen Aspekt der "Göttin der Liebe", sondern die "reine", "himmlische" Liebe zu einem Ideal von Harmonie und Ausgewogenheit aller Ebenen des Seins.

Der Chrysopras fördert durch seinen Gehalt an Nickel, das ihm auch seine apfelgrüne Farbe gibt, die Reinigung und Entgiftung auf allen Ebenen. Dabei stärkt er das Unterscheidungsvermögen, die Fähigkeit zu erkennen, was noch nützlich und wertvoll und was unnützer Ballast oder sogar schädlich ist.

Er hilft, "negative" Gedankenmuster aufzulösen und die Aufmerksamkeit auf "positive" Ereignisse zu richten. Damit verändert er den "Wahrnehmungsfilter", mit dem man in der Regel die eigene innere Einstellung durch eine selektive Wahrnehmung bestätigt findet.

Im körperlichen Bereich regt er die Ausscheidung giftiger oder belastender Stoffe an und stärkt somit die Anpassungsfähigkeit und Gesundheit des gesamten Organismus. Im seelischen Bereich fördert er das Loslassen belastender Bilder und Gefühle und wirkt so auch gegen Alpträume, Ängste, Traurigkeit und Gereiztheit.

Sind die Reinigungsprozesse einmal abgeschlossen, finden alle Seinsebenen zu einer neuen Ordnung. Körper, Seele und Geist sind ausgewogen, nehmen die ihnen entsprechenden Aufgaben wahr und den ihnen angemessenen Raum ein. Dadurch erlebt man Harmonie in sich selbst und Verbundenheit mit seiner Umgebung, ein umfassendes Gefühl der "Stimmigkeit" sowie ein tiefes Vertrauen in eine höhere Ordnung. Man empfindet sich als Teil eines größeren Ganzen, zu dem man entsprechend seinen Möglichkeiten und Fähigkeiten beiträgt, und erfüllt mit Freude gewissenhaft seine speziellen Aufgaben und Pflichten. So erlebt man bewußt die Schönheit, den Wert und die Fülle der irdischen Existenz und begegnet dem Leben mit Optimismus und heiterer Gelassenheit.

Dadurch hilft der Chrysopras auch bei nervösen Verkrampfungen psychischen Ursprungs und bei sexuellen Problemen, indem er entspannt, Vertrauen und Hingabefähigkeit stärkt. Er beruhigt die Nerven und lindert leichte Formen von Hysterie und Paranoia. Durch seine entgiftende Wirkung fördert er die Heilung von Neurodermitis und Pilzerkrankungen.

3. Dekade: 13.9. - 22.9. Dekadenherrscher: Merkur

Mit Merkur als Dekadenherrscher, der die Kraft des analytischen Verstandes symbolisiert und außerdem allgemein dem Jungfrauzeichen zugeordnet wird, findet man hier vor allem ein klares, nüchternes, weniger von Gefühlen als von praktischen Erwägungen bestimmtes Denken. Handlungen und Vorgehensweisen werden gründlich durchdacht und bis ins Detail geplant. Durch gründliche Analyse aller Vorgänge, Bestandteile und Zusammenhänge kann etwas in seiner Funktionsweise erst richtig erkannt und damit optimal effektiv eingesetzt werden. Durch ihre Beobachtungsgabe und das Einbeziehen aller Einzelheiten ist die Jungfrau nun erst in der Lage, Bestehendes zu verändern und zu verbessern. Auch ein eigenes Urteilsvermögen erwirbt man sich letztlich nur, wenn man eine Sache wirklich durchdrungen und verstanden hat. Es beruht dann auf nachprüfbaren Fakten, nicht auf subjektiven Empfindungen.

Wirkliches Verstehen und ein genaues methodisches, logisches Vorgehen bilden damit die Grundlage für die effektive Arbeitsweise und organisatorischen Fähigkeiten, für die die Jungfrau bekannt ist und allgemein geschätzt wird.

Ihr detailliertes Forschen führt die Jungfrau oft auch in geistige Dimensionen, wenn sie dieselben Wirkprinzipien wie im kleinen so im großen erkennt. Sie hat dann die Fähigkeit, geistiges Streben mit den materiellen Notwendigkeiten sinnvoll zu verbinden.

Der Amethyst

Chem. Zusammensetzung:	SiO_2, Oxid
Spurenbestandteile:	Eisen
Kristallstruktur:	trigonal

Der Name des Amethysts ist griechischen Ursprungs und bedeutet soviel wie "unberauscht". Er macht also nüchtern, fördert einen klaren Kopf, ein klares, logisches Denken, Neutralität und Urteilsvermögen.

Seine Wirkung beruht vor allem auf einem interessanten Phänomen, das beim Amethyst besonders gut zu beobachten ist. Er besteht hauptsächlich aus Siliciumdioxid wie der Bergkristall, enthält aber zusätzlich kleinste Mengen von Eisen. Sein Gehalt an Eisen ist so gering, daß es kaum mehr nachgewiesen werden kann und auch in der chemischen Formel somit nicht aufgeführt wird, und doch ist es genau das Eisen, das hauptsächlich für die Wirkung und die Farbe des Amethysts verantwortlich ist. Dabei kehrt sich, wegen des "homöopathisch" geringen Gehalts, seine typische Wirkung um. Wirkt Eisen

sonst eher "hitzig", fördert Antrieb, Bewegung, Initiative, Begeisterungsfähigkeit und Willenskraft, so äußert sich seine Wirkung im Amethyst beruhigend. Es fördert hier Nüchternheit, Neutralität und Urteilsvermögen. Man nimmt sich die Zeit, einen Moment innezuhalten, die bisherigen Resultate seines Tuns zu überdenken und seine nächsten Schritte sorgfältig zu planen. Man ist bestrebt, ein wirkliches Verständnis von den Dingen, mit denen man sich beschäftigt, zu erwerben und schenkt auch scheinbaren Kleinigkeiten Beachtung. Dadurch wird man effektiver, man schafft mehr in kürzerer Zeit mit wesentlich weniger Energieaufwand und hat deswegen letztendlich das Gefühl, mehr Zeit zu haben.

Durch das detaillierte Verständnis der Funktionsweise der Materie gewinnt man auch Einblick in geistige Zusammenhänge und das Zusammenspiel von Geist und Materie, entsprechend den alten Hermetischen Schriften "wie oben so unten und wie unten so oben". Dies wird sichtbar in der violetten Farbe des Amethysts. Violett setzt sich aus Rot und Blau zusammen, wobei Rot die Triebe symbolisiert, die Kraft, die das materielle Überleben sichert und Blau die kühle, klare Kraft des Geistes. Beide verbinden sich im Violett.

Damit hilft der Amethyst, körperliche und psychische Bedürfnisse und Sehnsüchte in geistiges Streben umzusetzen und beides konstruktiv miteinander zu verbinden.

Die körperlich beruhigende und geistig anregende Wirkung des Amethysts findet sich in seiner Wirkung auf den Schlaf und das Traumleben wieder. So hilft er bei Schlaflosigkeit durch nervliche Überlastung und große Anspannung. Er entspannt und hilft, in Form von Träumen die Tagesgeschehnisse zu verarbeiten. Nach einer Zeit intensiven Träumens wird der Schlaf sehr ruhig und erholsam – man braucht weniger davon und wird dadurch wiederum effektiver.

Ausgleichsteine der Jungfrau

Das Bedürfnis der Jungfrau, alles, mit dem sie sich beschäftigt, mit ihrem scharfen, analytischen Verstand bis ins kleinste Detail zu erfassen und zu verstehen, läßt sie manchmal den Überblick und das Bewußtsein für das große Ganze verlieren. Sie verrennt sich dann in Kleinigkeiten, wird überkritisch und kleinkrämerisch, aus "Mücken" werden "Elefanten".

Hier vermittelt ihr der **Rutilquarz** Überblick, geistige Größe und Großzügigkeit. Er verwandelt ihre Angst, bei Planungen etwas Wesentliches zu übersehen, und die daraus resultierende Handlungsunfähigkeit in die Kraft, eigene Visionen und Kreativität zu entwickeln, ohne sich ständig durch vermeintliche Sachzwänge einschränken zu lassen. Er stärkt ihren Sinn für die richtigen Proportionen, wirkt stimmungsaufhellend und antidepressiv.

Auch der **Rubellit (roter Turmalin)** fördert die Kreativität und das positive Denken der Jungfrau, wenn ihr kritischer Verstand mit seinem Wunsch nach Perfektion nur noch überall Fehler sieht. Aus Enttäuschung über ihre nicht verwirklichten Ideale zieht sie sich dann manchmal auf eine zynische oder sarkastische Haltung gegenüber ihrer Umwelt zurück. Dann hilft ihr der Rubellit, wieder die positiven Seiten des Lebens zu sehen. Er fördert eine lockere, entspannte Haltung, "wider den tierischen Ernst", macht kontaktfreudig, aufgeschlossen, unternehmungslustig und charmant. Er vermittelt Spaß am Leben und an der Sexualität.

Die Jungfrau als Zeichen des Übergangs von einem individuellen (Löwe) zu einem Gruppenbewußtsein (Waage) ist oft eine Zeit großer Veränderungen, verursacht durch die Anpassung des Einzelnen an veränderte Lebensumstände. Es ist das Zeichen der Arbeit, der innerlichen Arbeit an sich selbst sowie auch der äußeren Arbeit an konkreten Dingen. Mit ihrem scharfen Blick für das, was notwendig ist zu tun und ihrem großen Pflichtbewußtsein bürdet sich die

Links oben: Rubellit; rechts oben: Rutilquarz; unten: Charoit

Jungfrau oftmals zuviel auf. Dann entstehen Streß, Sorgen und das Gefühl, diese Berge an Arbeit niemals bewältigen zu können. Der **Charoit** hilft ihr hier, tiefgreifende Veränderungen im Leben zu meistern. Er gibt ihr die Spontanität, Entschlossenheit und Tatkraft, einfach anzufangen und hilft ihr, innere und äußere Widerstände zu überwinden. Er vermittelt ihr die Gelassenheit, Schritt für Schritt voranzugehen, sich auf das gerade jetzt Anstehende zu konzentrieren und sich nicht von der Menge und Vielfalt der Aufgaben überwältigen zu lassen.

Waage 23.9. - 22.10.

Ausgleich

Planetenherrscher:	Venus
Element:	Luft
Qualität:	Kardinal/Yang
Leitsatz:	Ich wäge ab; ich gleiche aus
Jahreszeit:	Tag- und Nachtgleiche, Zeit des Gleichgewichts in der Natur
Körperl. Entsprechung:	Niere, Nierenbecken, Blase, Haut

Mit dem Zeichen Waage und der Tag- und Nachtgleiche beginnt der Herbst. Tag und Nacht halten sich hier die Waage, sind ausgeglichen, und so ist Waage vor allem das Zeichen des Ausgleichs. Hier beginnt wieder eine neue Phase der Entwicklung wie zum Frühlingsbeginn im Zeichen Widder, doch von ganz gegensätzlicher Art. Die Tage werden nun merklich kürzer als die Nächte, die dunkle, kalte Jahreszeit beginnt. Symbolisierte der Sieg des Lichtes und der Sonne im Frühling das erneute Erwachen der Individualität und der Entwicklung des Ego, so beginnt im Zeichen Waage dieses immer mehr an Bedeutung zu verlieren. Zwischenmenschliche und gemeinschaftliche Belange treten in den Vordergrund. Der Einzelne verbindet sich mit anderen zu einer Gemeinschaft oder Partnerschaft. Ein harmonisches Zusammenleben erfordert, egoistische Wünsche und Bedürfnisse nach Durchsetzung und Verwirklichung der eigenen Person zurückzustellen und Kompromisse zu schließen, die die Bedürfnisse aller berücksichtigen. Waage ist immer bestrebt, sich zu integrieren, in ihrer Umgebung und ihren zwischenmenschlichen Beziehungen Harmonie zu schaffen, Frieden zu stiften, zu vermitteln sowie Gegensätze und Spannungen auszugleichen. Dafür stellt sie ihre persönlichen Bedürfnisse zurück.

Als dem Luftelement zugehörig sind Waage-Geborene von Natur aus kontaktfreudig. Ihre Sensibilität für gesellschaftliche Regeln und Konventionen und ihr Einfühlungsvermögen in ihr Gegenüber verleiht ihnen großes diplomatisches Geschick. So sind sie meist allgemein bekannt und geschätzt für ihre Liebenswürdigkeit und ihr taktvolles Vorgehen.

Auch ihr Gerechtigkeitssinn ist stark entwickelt als Ausdruck ihres Strebens nach Ausgleich, versinnbildlicht im Symbol der Waage, die ja ein Attribut der Justitia, der Göttin der Gerechtigkeit ist.

Ihr Sinn für Harmonie zeigt sich ebenfalls in ihrem Bedürfnis nach Schönheit und Ästhetik, sei es in ihrer eigenen Erscheinung oder der stilvollen Gestaltung ihrer Umgebung.

1. Dekade: 23.9. - 2.10. Dekadenherrscher: Mond

In der 1. Dekade kommt vor allem das Streben der Waage nach Harmonie und Frieden zum Ausdruck. Symbolisiert durch die Herrschaft des Mondes hängt ihr seelisches Gleichgewicht stark von ihrer Umwelt und den Menschen, mit denen sie zu tun hat, ab. Spannungen und Unfrieden erträgt sie nur schwer. Sie versucht überall zu vermitteln, auszugleichen, zu versöhnen und so eine harmonische, liebevolle Atmosphäre zu schaffen und zu erhalten. Dabei wird sie unterstützt von ihrem großen Einfühlungsvermögen im zwischenmenschlichen Bereich und ihrer Sensibilität für die Bedürfnisse ihres Gegenübers oder der Gruppe. Sie findet leicht Kompromisse, die beide Parteien zufriedenstellen. Sie sieht und betont immer das Verbindende, Gemeinsame verschiedener Standpunkte und Betrachtungsweisen und schafft so eine Basis für gemeinschaftliches Denken und Handeln.

Der Serpentin

Chem. Zusammensetzung:	$Mg_6(OH_8/Si_4O_{10})$, Schichtsilikat
Spurenbestandteile:	Aluminium, Chrom, Eisen, Mangan, Nickel
Kristallstruktur:	monoklin

Der Serpentin bringt die Qualitäten der 1. Dekade Waage zum Ausdruck. Durch seinen Gehalt an Magnesium und seinen basischen Charakter vermittelt er Ruhe und inneren Frieden.

Einen weiteren Aspekt seiner Wirkungsweise verdankt er seiner metamorphen Entstehung: peridothaltige Urgesteine wandeln sich unter Druck und Hitze in Serpentin um. Dabei bleibt das Gestein in einem festen Zustand, nur einige chemische Bestandteile beginnen zu wandern und werden zwischen den Mineralien ausgetauscht, bis eine neue Stabilität erreicht ist.

Dies entspricht dem zunehmenden Einfluß ("Druck"), den nun im Zeichen Waage andere Menschen mit ihren Wünschen und Bedürfnissen auf den Einzelnen nehmen. Entsprechend stärkt der Serpentin das Einfühlungsvermögen und die bewußte Wahrnehmung des anderen mit seinen Anliegen und hilft, persönliche Gefühle und Stimmungen so zu verwandeln, daß sie mit den Bedürfnissen des Gegenübers harmonieren und nicht in Konflikt geraten. Damit fördert er die Kompromißbereitschaft, die Fähigkeit, Lösungen zu finden, die beide Parteien zufriedenstellen, und einen altruistischen Charakter. So entsteht eine neue Harmonie und Stabilität, die nicht nur auf ein einzelnes

Individuum beschränkt bleibt, sondern andere Menschen und die Umgebung miteinbezieht und dadurch eine friedliche Atmosphäre schafft.

Dies stärkt tatsächlich auch die emotionale Stabilität des Einzelnen. Indem er Einflüsse von außen nun bewußt wahrnimmt und sich freiwillig mit ihnen in Einklang bringt, muß er nicht mehr gegen sie ankämpfen. Der Serpentin gleicht also emotionale Schwankungen aus, die hier eigentlich eine Ausgleichsreaktion der Seele auf unterbewußt einwirkende äußere Einflüsse und Ansprüche darstellen.

Körperlich wirkt der Serpentin ebenfalls beruhigend, entspannend, krampflösend und fördert einen basischen Stoffwechsel.

2. Dekade: 3.10. - 12.10. Dekadenherrscher: Saturn

Die 2. Dekade betont durch ihren Dekadenherrscher Saturn den Gerechtigkeitssinn der Waage. Er beruht zum einen auf ihrem Streben nach Ausgleich und Ausgewogenheit, symbolisch dargestellt im Bild der Waage, die auch ein Attribut der Justitia und Sinnbild für weltliche und himmlische Gerechtigkeit ist. Zum anderen beruht er auf auf ihrem Bewußtsein über das Gesetz des Karma, die Gesetzmäßigkeiten von Ursache und Wirkung, und die Weisheit, auch danach zu handeln.

Man ist sich bewußt, daß jede Tat unweigerlich Konsequenzen nach sich zieht und letzten Endes wieder ausgeglichen werden muß. So sind Waage-Geborene in ihrem ganzen Denken und Tun von vornherein um Ausgewogenheit bemüht und brauchen lange, um eine Entscheidung zu treffen, da sie die verschiedenen Seiten und Betrachtungsmöglichkeiten gründlich gegeneinander abwägen. Ist die Entscheidung jedoch gefallen und klar, was zu tun ist, können sie unter Einsatz all ihrer Kräfte mit großem Idealismus daran arbeiten.

Das Bemühen der Waage um Ausgleich zeigt sich auch in der Fähigkeit, sich in ihrem Selbstausdruck und ihrer persönlichen Durchsetzung zu beschränken (Saturn) und sich so in Übereinstimmung mit anderen Menschen zu bringen, sich auf einen gemeinsamen "Nenner" zu einigen. Dies äußert sich dann in ihrer Sensibilität für gesellschaftliche Regeln und Normen, da sie deren Notwendigkeit für ein harmonisches Zusammenleben erkennt.

Der Smaragd

Chem. Zusammensetzung:	$Al_2Be_3(Si_6O_{18})$, Ringsilikat
Spurenbestandteile:	Kalium, Lithium, Natrium, (Chrom)
Kristallstruktur:	hexagonal

Der Smaragd als Stein der 2. Waagedekade stärkt den Sinn des Menschen für Schönheit, Harmonie und Gerechtigkeit.

Dabei fördern sein Gehalt an Beryllium sowie sein hexagonales Kristallsystem gleichermaßen das starke Streben und die Ausrichtung auf ein Ziel oder Ideal. Im Fall des Smaragds auf das Ideal der Ausgewogenheit, das ja auch grundlegend für das Empfinden von etwas als schön, harmonisch oder gerecht ist.

Dieses Streben nach Gleichgewicht zeigt sich in der mineralogischen Zusammensetzung des Smaragds, im Vorhandensein zweier der wichtigsten Elektrolyte und Gegenspieler im menschlichen Körper: Natrium und Kalium. Ihre Ausgewogenheit ist lebensnotwendig und grundlegend für das Funktionieren des gesamten Organismus.

Wo also das Gleichgewicht und die Harmonie gestört sind, richtet der Smaragd alle verfügbaren Energien darauf aus, diese wiederherzustellen.

Der Spurenbestandteil Chrom verleiht ihm dabei außerdem die Fähigkeit, den Wunsch des Einzelnen nach individueller Selbstbestimmung und Verwirklichung mit dem Bedürfnis nach einer gleichberechtigten, harmonischen Verbindung mit anderen Menschen und der Umgebung in Übereinstimmung zu bringen.

So fördert er die Einigkeit zwischen Eheleuten und Partnern, Freundschaft, Liebe, Offenheit und das Bedürfnis nach Zusammenarbeit und gegenseitigem Verstehen.

Er stärkt die Fähigkeit, im "Einklang" mit einer größeren Harmonie zu denken und zu handeln.

Er bringt Wachheit und einen klaren Blick bis hin zur Hellsichtigkeit und erleichtert dadurch die Wahrheitsfindung.

Auch körperlich stärkt er die Augen und heilt Entzündungen der Nebenhöhlen sowie der oberen Atemwege. Dabei ist interessant zu bemerken, daß Schnupfen oder Infektionen der Stirn- und Nebenhöhlen oft mit Unstimmigkeiten im näheren persönlichen Umfeld (Waage) zu tun haben. Nicht umsonst sagt man, jemand sei "verschnupft", wenn man meint, er sei verärgert. Smaragd regeneriert allgemein: körperlich, seelisch und geistig.

3. Dekade: 13.10. - 22.10. Dekadenherrscher: Jupiter

In der 3. Dekade zeigt sich das diplomatische Geschick der Waage. Ihre Kontaktfreudigkeit und ihr taktvolles Vorgehen sowie die Fähigkeit, sich in einem gesellschaftlichen Rahmen angemessen zu bewegen, prädestinieren sie für die Rolle des Vermittlers und Friedenstifters. Wie kein anderer weiß sie, harmonische und fruchtbare Verbindungen zu schaffen und zu erhalten. Dabei vertritt sie eine Philosophie der Liebe, Schönheit und Ausgewogenheit.

Angezeigt durch Jupiter, den Herrscher dieser Dekade, dehnt sie ihren Wirkungsbereich über ihren persönlichen Rahmen hinweg aus und ist sich ihrer Wirkung, ihrer Rolle und Verantwortung zur Erhaltung des Friedens und der Gesamtharmonie in diesem kosmischen Spiel bewußt. Ihr Ziel ist ein Leben im "Einklang" von Mensch, Natur und Kosmos.

Die Waage erlebt sich selbst über die Partnerschaft oder Gruppe, mit der sie sich identifiziert und deren Ziele sie unter großem idealistischem Einsatz ihrer Kräfte, mit Diplomatie und taktischem Geschick, vertreten kann.

Die Jade

Chem. Zusammensetzung:	$NaAl(Si_2O_6)$, Kettensilikat
Spurenbestandteile:	Calcium, Magnesium, Eisen
Kristallstruktur:	monoklin

Die Jade enthält verschiedenste Mineralstoffe, darunter sowohl anregende als auch beruhigende. Dies gibt ihr die Fähigkeit, für alles einen Ausgleich zu schaffen. Man tut genau das, was momentan der Ausgleich ist: ist man zu träge, wird man aktiv, ist man hektisch und gereizt, schenkt die Jade Ruhe und Erholung. Langfristig erreicht man so einen stabilen Zustand inneren Gleichgewichts, der wiederum die Basis für die Verwirklichung der eigenen Ziele und Ideale von Glück, Schönheit und Harmonie und deren Ausdruck und Verbreitung in der Welt ist.

Mit Hilfe der Jade entwickelt man ein Gespür für das rechte Maß aller Dinge und somit Tugenden wie Taktgefühl und diplomatisches Geschick.

Das Lebensgefühl, das sie vermittelt, entspricht stark demjenigen der chinesischen Lebensart und Kultur, wo sie seit Jahrtausenden als Talisman und Glücksbringer angesehen und verwendet wird. Beiden entsprechen die Ideale eines maßvollen, ausgewogenen Lebensstils in Harmonie mit sich selbst, seinen Mitmenschen, im Einklang mit der Landschaft, der Natur und dem Kosmos. So gewinnt man Gesundheit, Glück, Erfolg und ein langes Leben.

Dabei macht die Jade durchaus aktiv und handlungsfreudig, allerdings immer unter der Voraussetzung des "rechten Maßes" und der Ausgewogenheit, denn man erlangt mit ihrer Hilfe ein klares Bewußtsein davon, welche Wirkung man auch als einzelner mit seinem Denken und Handeln auf die Harmonie des Gesamten hat.

Körperlich regt die Jade die Nierenfunktionen an. Die Niere, als "Organ des Ausgleichs", ist der Waage zugeordnet und sorgt im Körper für das Gleichgewicht des Wasser-, Salz- und Säure-Basen-Haushalts, entsprechend auf seelischer Ebene für das emotionale Gleichgewicht.

Jade aktiviert außerdem das Nervensystem und die Nebenniere und macht damit sehr reaktionsschnell.

Ausgleichsteine der Waage

Der Wunsch der Waage, Harmonie und Frieden um jeden Preis bewahren zu wollen, macht es ihr sehr schwer, Spannungen zu ertragen, Konflikte und Meinungsverschiedenheiten wirklich auszutragen. Sie kann dann um des "lieben Friedens" willen persönliche Ansichten und Gefühle sehr lange zurückstellen. Allerdings kommen diese oft "hintenherum" doch irgendwie zum Ausdruck, was von anderen dann als Unaufrichtigkeit empfunden wird und ihre im Grunde meistens echte Freundlichkeit und Höflichkeit zur bloßen Maske erstarren läßt. Der **Malachit** stärkt hier ihre Konflikt- und Konfrontationsfähigkeit und den direkten Ausdruck persönlicher Gefühle.

Auch der **Lapislazuli** hilft ihr, persönliche Meinungen und Ansichten unverblümt zum Ausdruck zu bringen, spontan und ehrlich, ohne erst die Konsequenzen "abzuwägen". Er fördert die Erkenntnis ihrer ganz persönlichen Wahrheit und die Unabhängigkeit von der Meinung anderer.

Die Tendenz, die Konsequenzen ihres Tuns genau zu bedenken und die verschiedenen Möglichkeiten gegeneinander abzuwägen, beschert der Waage oft lange Phasen des Nachdenkens, in denen sie sich für nichts wirklich entscheiden kann, das Gefühl hat, völlig "in der Luft zu hängen" und keine Kraft hat, irgend etwas konkret zu tun. Hier entfaltet der **rote Jaspis** seine Wirkung und bringt ihre "Kriegernatur" zum Vorschein. Er gibt Aufrichtigkeit und Ehrlichkeit sich selbst gegenüber, fördert die Tat- und Entschlußkraft, die Fähigkeit, etwas "in Angriff" zu nehmen. Er stärkt die Willenskraft, hilft, Ideen in die Tat umzusetzen und auch unangenehme Aufgaben zu bewältigen.

Der **Heliotrop** schließlich fördert die Fähigkeit der Waage, sich abzugrenzen und stärkt ihr Ich-Bewußtsein. Da sie sich über den Austausch und ihre Beziehungen mit anderen Menschen erfährt und definiert, fällt es ihr manchmal schwer, mit sich selbst etwas anzufangen. Der Heliotrop hilft ihr hier, etwas für sich selbst zu tun und das Leben auch alleine zu genießen.

Von links: Malachit, Heliotrop, Lapislazuli; unten: roter Jaspis

Skorpion 23.10. - 21.11.

Verwandlung

Planetenherrscher:	Pluto
Element:	Wasser
Qualität:	Fix/Yin
Leitsatz:	Ich ergründe, ich begehre
Jahreszeit:	Die Zeit, in der die äußere Natur stirbt
Körperl. Entsprechung:	Geschlechtsorgane

Im Jahreslauf markiert das Tierkreiszeichen Skorpion die Zeit, in der die Natur "stirbt". Die Lebenskräfte ziehen sich zurück, die Pflanzen konzentrieren ihre Kraft im Samen, der verborgen unter der Erde überdauert und im Frühjahr zu neuem Leben erwacht. Hier erfährt der Mensch am stärksten die Vergänglichkeit der Materie, der äußeren Form aller Dinge, die niemals Bestand hat, sondern ständiger Veränderung unterworfen ist. Je mehr man sein Leben auf Äußerlichkeiten und materiellen Werten aufgebaut hat, je mehr man sich damit identifiziert und glaubt, dies sei die einzige Realität, desto schmerzhafter und beängstigender ist dieser Prozeß, solange, bis man die Realität des Geistes als Grundlage allen Lebens erkennt. Dies ist die Aufgabe des Skorpions.

So macht er sich also auf, hinter die Kulissen der äußeren Form vorzustoßen und die Geheimnisse des Lebens, seine wesentlichen energetischen Grundlagen und Zusammenhänge, zu ergründen. Er konfrontiert sich dabei mit den tiefsten Schichten des Bewußtseins, mit seinen Leidenschaften, verborgenen Motivationen und Gefühlen, den Schatten seines Ego und löst so, Schritt für Schritt, seine seelischen Verhaftungen mit der Welt der Materie auf.

Damit kann er immer mehr "den Fluß des Lebens" mit seinen Gesetzmäßigkeiten von ewigem Werden und Vergehen erkennen und akzeptieren. Er muß nicht mehr versuchen, den natürlichen Gang der Dinge durch Ausübung von Macht und Manipulation aufzuhalten oder sich, im anderen Extrem, als hilfloses Opfer des Schicksals zu erleben. Er kann nun den Tod wirklich als Verwandlung der äußeren Form begreifen im Bewußtsein der Unsterblichkeit und der sich ewig erneuernden Kraft des Geistes, der das Leben selbst ist, und wird dadurch wirklich frei.

Dies ist letztendlich auch die Quelle, aus der der Skorpion dann seine große Kraft schöpft. Mit Mut, Ausdauer und großer Willenskraft kann er sich kompromißlos für überpersönliche Ziele und Ideale einsetzen, ohne sich selbst dabei zu schonen. Sein leidenschaftliches Streben nach der Wahrheit und verborgenen Hintergründen läßt ihn innere und äußere Widerstände und sein eigenes Ego überwinden und läutert ihn.

Das Bild des Phönix, eines mythologischen Vogelwesens, das sich immer wieder ins Feuer stürzt, aber strahlender denn je aus seiner eigenen Asche wiederaufersteht und damit die Unsterblichkeit des reinen Wesens und den illusionären Charakter des Todes demonstriert, wird deshalb auch mit dem Tierkreiszeichen Skorpion in Verbindung gebracht.

So bewahrt das Zeichen Skorpion das elementare Wissen um Geburt, Tod, Wiedergeburt und Unsterblichkeit, der tiefsten Geheimnisse und Mysterien menschlichen Lebens, deren wirkliche Erkenntnis man nur erringt, indem man sich selbst überwindet, sich den Prüfungen mit Mut und Charakterstärke stellt und sich auch mit den dunklen Seiten des Daseins und des eigenen Charakters auseinandersetzt und somit verwandelt.

1. Dekade: 23.10. - 2.11. Dekadenherrscher: Mars

Die 1. Dekade entspricht dem kompromißlosen, leidenschaftlichen Forscherdrang des Skorpions, seiner Fähigkeit, in die verborgenen Bereiche der menschlichen Psyche einzudringen und seinem starken Verlangen, die Geheimnisse des Lebens zu durchdringen.

Hier ist man nicht mehr bereit, sich mit oberflächlichen, konventionellen Betrachtungen und Erklärungen der Wirklichkeit zufriedenzugeben, sondern möchte die Ursachen und Zusammenhänge ergründen, welche die Erscheinungsformen der Dinge hervorbringen. Skorpion hat ein ausgeprägtes Gespür und ein großes Interesse für die der materiellen Erscheinungswelt zugrundeliegenden, oftmals dem Alltagsbewußtsein verborgenen Kräfte und Energien. Doch der Gebrauch dieser Kräfte wird nur demjenigen zugänglich, der bereit ist, sich den Prüfungen des Lebens und des eigenen Charakters zu stellen. So findet sich der Skorpion immer wieder in Situationen, in denen er gezwungen ist, sich selbst, seine Motivationen, zu überprüfen und seine egoistischen, nur auf das eigene Überleben ausgerichteten Triebe zu verwandeln. Dann kann er seine Kraft und gewonnene Charakterstärke für ein überpersönliches Ideal und zum Wohl aller Lebewesen einsetzen.

Welches Ziel aber Skorpion auch immer verfolgt, er tut es mit großem Mut, Ausdauer, Willensstärke und dem leidenschaftlichen Einsatz aller ihm zur Verfügung stehenden Kräfte.

Der Granat (Almandin)

Chem. Zusammensetzung:	$Fe_3Al_2(SiO_4)_3$, Inselsilikat
Spurenbestandteile:	keine
Kristallstruktur:	kubisch

Der Granat ist seit langem auch als "Karfunkel" bekannt. Man schrieb ihm zu, im Dunkeln zu leuchten, was nicht im materiellen, sondern vor allem im geistigen Sinne verstanden werden sollte. So erhellt er die "verdunkelte Seele", bringt in Zeiten größter Not, wo alles sinn- und aussichtslos erscheint, Licht und Hoffnung.

Er ist der Stein des Helden, der auf der Suche nach dem "Wasser des Lebens" die verschiedensten Prüfungen bestehen muß und in der "Unterwelt" die Schatten seines Ego bekämpft, um sich zu läutern und seinen Charakter zu stärken. Ist er erfolgreich, wird er unter die Götter aufgenommen und unsterblich. Viele Märchen und Mythen beschreiben diesen "Weg der Einweihung", so z.B. der Heraklesmythos.

Der Granat ist also der Stein für Krisensituationen, er hilft, sie als Lernerfahrung und inneren Verwandlungsprozeß zu erfahren und zu akzeptieren.

Er hilft, Leidenschaften, Wut, Eifersucht und Streitlust, Hoffnungslosigkeit und Resignation in Mut, Ausdauer und Willensstärke zu verwandeln, um die Prüfungen des Lebens zu bestehen und mit gestärktem Charakter und Selbstvertrauen daraus hervorzugehen.

Als kubischer Stein löst er energetische Blockaden, eingefahrene Vorstellungen und Verhaltensmuster, beseitigt unnötige Tabus und Hemmungen, so daß Verwandlung und Neubeginn möglich werden. Dabei verstärkt er zunächst die innere Spannung, um die wahren Problematiken sichtbar zu machen.

Dadurch, daß man sich von egoistischen Trieben und emotionalem Ballast befreit, gewinnt man auch immer mehr die Fähigkeit, über den eigenen Horizont hinauszublicken und die eigene Kraft, statt für innere Kämpfe, für überpersönliche Ziele und Ideale und zum Wohl der Gemeinschaft einzusetzen. Er verhilft außerdem zu einer gesunden, ausgeglichenen Sexualität und Lebensfreude.

2. Dekade: 3.11. - 12.11. Dekadenherrscher: Sonne

Das Thema der 2. Dekade ist Selbstüberwindung und Läuterung oder der Tod des Ego, angezeigt durch die Herrschaft der Sonne, dem astrologischen Symbol für den bewußten Ausdruck der Persönlichkeit oder des Ego.

Nachdem man in der 1. Dekade in den der materiellen Erscheinungswelt zugrundeliegenden Bereich und der sie gestaltenden Kräfte und Energien vorgestoßen ist, ist man hier nun mit den Inhalten der eigenen Psyche und den verborgenen Anteilen der Persönlichkeit konfrontiert. Die dunklen, ungeliebten Seiten, abgespaltene Persönlichkeitsanteile, die meist Schmerzen und Traumata enthalten, müssen im Licht des Bewußtseins (der Sonne) betrachtet, damit befreit und wieder in die Persönlichkeit integriert werden. Denn genau diese Dinge, die man verdrängt, sind es, die abhängig machen, unfrei und manipulierbar, und die ursprünglichen Fähigkeiten und Möglichkeiten des Menschen reduzieren. Dieser Prozeß ist nicht immer angenehm, doch letztendlich der einzige Weg zurück zu der Ganzheit des ursprünglichen Wesens, dem Bewußtsein des eigenen Wesenskerns.

Erst wenn man die "Dämonen" befreit hat, die man selbst irgendwann einmal in die Tiefen des Unterbewußtseins verbannt hat und dadurch seine "Hölle" erst schuf, kann man sich selbst wieder als geistiges Wesen erkennen. Dann kann man die große Kraft, die auch daraus erwächst, daß man sich selbst, sein Ego, überwunden hat, im wahrsten Sinne des Wortes "durch die Hölle gegangen ist", konstruktiv und zum Wohle aller nutzen.

Der Obsidian

Chem. Zusammensetzung:	$SiO_2 + Fe_2O_3 + H_2O$, Oxid
Spurenbestandteile:	Aluminium, Kohlenstoff, Calcium, Kalium, Natrium, Eisen
Kristallstruktur:	amorph

Den Qualitäten der 2. Dekade Skorpion entspricht der Obsidian. Seit frühester Zeit wurde er für kultische Handlungen und magische Riten benutzt. Im Mittelalter wurde diesem Stein zugeschrieben, er könne Dämonen austreiben. Tatsächlich hat er diese Fähigkeit, auch wenn wir sie heute in einem anderen Zusammenhang verstehen als die Menschen damals.

Der Obsidian entsteht durch plötzliche Abkühlung von vulkanischer Lava an der Luft oder im Wasser, also durch einen Temperatur"schock". So hat er die Fähigkeit, die Auswirkungen von körperlichen oder seelischen Schocks und Traumata aufzulösen. Unter einem Schock verstehen wir ein Erlebnis,

bei dem das Bewußtsein von so vielen und intensiven Reizen (körperlichen Schmerzen, Gefühlen, Wahrnehmungen) überflutet wird, daß es sie nicht mehr verarbeiten kann. Es reagiert darauf mit einer Art "Kurzschluß", mit vollständiger oder teilweiser Bewußtlosigkeit. Dabei werden aber alle mit dem Geschehen verbundenen Wahrnehmungen und Gefühle genauestens aufgezeichnet, können aber meist nicht wieder in Erinnerung gerufen werden.

Das Bewußtsein hat sie zu seinem Schutz hinter einer Türe mit der Aufschrift "gefährlich" oder "unangenehm" weggesperrt, weil es befürchtet, von der Erinnerung an diese Dinge wieder überwältigt zu werden. Auch Dinge, die man selbst getan und dann als "schlecht", "böse" oder "Versagen" bewertet hat, alle ungeliebten Seiten, können sich hinter solchen Türen verbergen. Allerdings können sie von ähnlichen Situationen oder Reizen zu einem späteren Zeitpunkt wieder aktiviert werden und dann unser Denken und Handeln entsprechend den vergangenen Erfahrungen beeinflussen, obwohl es vielleicht den momentanen Anforderungen nicht mehr angemessen ist. Man hält dann wie "besessen" an bestimmten Verhaltensmustern fest, die einem im Grunde mehr schaden als nützen und weiß hinterher oft selbst nicht, warum man genauso handeln mußte oder genau diese Gefühle plötzlich mit aller Macht von einem Besitz ergriffen. Dies sind die "Dämonen", von denen schon die Menschen des Mittelalters wußten, daß der Obsidian sie "befreien" kann.

Der Obsidian ermöglicht den Vorstoß in diese verborgenen Bereiche, öffnet die Türen zu den abgespaltenen Persönlichkeitsanteilen und setzt die in ihnen gespeicherten Kräfte, Energien und Gefühle frei. Das kann äußerst dramatisch, schmerzhaft und chaotisch sein, bis ihre Inhalte mit der Realität in Beziehung gesetzt, ins Bewußtsein integriert, die freiwerdenden Kräfte für neue Ziele eingesetzt werden und eine neue Ordnung entstanden ist. Dies geht einher mit dem Gewinn neuer bzw. alter Fähigkeiten, verbesserter Intuition bis hin zu Hellsichtigkeit und verfeinerter Wahrnehmung.

Der Obsidian spricht durch seine amorphe Kristallstruktur hauptsächlich den emotionalen Bereich und das sogenannte Unterbewußtsein an, deswegen sollte man ihn, vor allem bei der Verwendung zu Meditationszwecken immer zusammen mit Bergkristall verwenden, um die analytische Verarbeitung, die Integration der Dinge, die hier auftauchen können, in die Realität und das Alltagsbewußtsein zu erleichtern. Hat man selbst nicht schon viel Erfahrung auf diesem Gebiet oder eine entsprechende Ausbildung, empfiehlt es sich, sich bei diesen Reisen in die eigenen Tiefen einem erfahrenen Begleiter anzuvertrauen.

3. Dekade: 13.11. - 21.11. Dekadenherrscher: Venus

Die 3. Dekade bringt den tiefen Wunsch und die Sehnsucht des Menschen nach vollkommener Vereinigung und Überschreitung aller persönlichen und körperlichen Grenzen zum Ausdruck.

Skorpion sucht hier nach intensiven, emotionalen Erfahrungen, die ihn über die Grenzen seiner Persönlichkeit hinausführen und ihn selbst und andere dabei tiefgreifend verwandeln. Dieser Dekade entspricht eine starke Ausstrahlung, eine fast magische Anziehungskraft und die Fähigkeit, Wünsche und Vorstellungen Wirklichkeit werden zu lassen, die solch intensive Erfahrungen geradezu anziehen.

Dabei wird man auch mit den Schattenseiten seiner und der Gefühlswelt anderer konfrontiert und muß sich mit Themen von Macht und Ohnmacht, Freiheit und Abhängigkeit in zwischenmenschlichen Beziehungen auseinandersetzen.

Die Erfahrungen und Erkenntnisse und die im Idealfall daraus erwachsende emotionale Freiheit und Selbständigkeit bilden dann die Grundlage für die geistige Visionskraft, das philosophische Verständnis und die geistige Freiheit des nachfolgenden Schützezeichens.

Der Malachit

Chem. Zusammensetzung:	$Cu_2(OH)_2CO_3 + H_2O$, Carbonat
Spurenbestandteile:	Calcium, Eisen
Kristallstruktur:	monoklin

Auch der Malachit, der Venus-Dekade des Skorpion zugeordnet, ist ein Stein, der seit langem bekannt ist und um den sich viele Sagen und Legenden ranken. In allen Kulturen von Ägypten bis zu den Germanen war er den weiblichen, mit dem Prinzip der Venus verbundenen Gottheiten zugeordnet und repräsentierte deren magische Anziehungskraft und verführerische Schönheit und Sinnlichkeit. Sich dem bedingungslos hinzugeben, wurde als nicht ungefährlich angesehen, und vor allem in unserem christlichen Jahrtausend hatte er deswegen meist einen schlechten Ruf.

So verhilft der Malachit zu einem intensiven Erleben der eigenen Wünsche, Bedürfnisse, Emotionen und Leidenschaften und stärkt die Fähigkeit, sich auch in das Erleben anderer hineinzuversetzen. Er macht unterdrückte Gefühle bewußt und regt die innere Bilderwelt an. Träume, Vorstellungen und Phantasien werden äußerst lebendig. Er nimmt Scheu und Hemmungen, macht neugierig und risikofreudig. So ist es nicht verwunderlich, daß man mit seiner Hilfe das, was wir gemeinhin für die "Grenzen des Anstandes" halten, leicht überschreitet, um seine Träume und Phantasien einmal Wirklichkeit werden zu lassen.

Das archaische, berauschend prickelnde Lebensgefühl, dem er zum Durchbruch verhelfen kann, wenn man es zuläßt, findet in unserer Gesellschaft kaum mehr eine Ausdrucksmöglichkeit. Es wird tabuisiert, und entsprechend pervertiert kommt es dann doch in "entstellter" Form wieder zum Ausdruck. Stellt es doch ein nicht auszurottendes menschliches Grundbedürfnis dar, sich auf diese Weise über die eigenen Grenzen hinaus nicht nur mit einem anderen Menschen, sondern mit der Lebenskraft selbst zu verbinden. Diesen Schichten muß man sich unter Umständen stellen, auf jeden Fall wird man auch mit den Grenzen seiner Konditionierungen, den Schattenseiten der eigenen Gefühlswelt, z.B. mit Eifersucht, Abhängigkeit, Gefühlen von Macht und Ohnmacht, konfrontiert und hat die Möglichkeit, sie aufzulösen. Dabei hilft der Malachit dann allerdings nicht viel. Er ist ein "Bewußtmacher", was man damit tut, ist jedem selbst überlassen.

Nutzt man die Erkenntnisse, die er bringt, gewinnt man letztlich mehr Freiheit und Selbständigkeit, eine natürliche, "unverkrampfte" erotische Ausstrahlung und Anziehungskraft sowie eine lebendige, lustvolle Lebensart.

Genauso wie er gefühlsmäßig "entkrampft", wirkt er auch körperlich krampflösend, besonders bei Menstruationsbeschwerden. Er erleichtert die Geburt, fördert die Entwicklung der weiblichen Geschlechtsorgane und heilt deren Erkrankungen. Er hilft auch bei sexuellen Schwierigkeiten, besonders wenn vergangene schlechte Erfahrungen zugrundeliegen.

Ausgleichsteine des Skorpion

Da der Skorpion sich meist mit "Hintergründigem" befaßt, fällt es ihm oft schwer, ehrlich gemeinte Freundlichkeit und Zuneigung einfach anzunehmen – es könnte sich ja etwas anderes dahinter verbergen. So ist er häufig mißtrauisch auf der Hut und kann sich nur schwer anderen Menschen öffnen. Auch im Ausdruck seiner eigenen Gefühle ist er dann sehr kontrolliert. Hier gibt ihm der **Chrysopras** Unbefangenheit und schenkt ihm Vertrauen in die natürlichen Prozesse des Lebens. Er fördert die Verarbeitung schlechter Erfahrungen und seelischer Verletzungen, hilft, loszulassen und zu verzeihen, was dem Skorpion oftmals schwerfällt, da er sehr stark und tief empfindet.

Links Fluorit; rechts oben Chrysopras, unten Zoisit

Der **Fluorit** befreit den Skorpion von zwanghaften Denk- und Verhaltensmustern. Er vermittelt ihm die notwendigen Erkenntnisse, um sich aus dem Kreislauf bestimmter, immer wiederkehrender Erfahrungen zu lösen und sein Leben frei und selbstbestimmt zu gestalten.

Durch die intensive Auseinandersetzung mit den elementarsten Erfahrungen des menschlichen Lebens erlebt der Skorpion immer wieder große Krisen und schwere innere Kämpfe. Der **Zoisit** hilft ihm, sich selbst dann auch in seiner Schwäche anzunehmen. Er gibt ihm Zuversicht und fördert seine seelische oder auch körperliche Regeneration. Er stabilisiert Erkenntnisse und deren Umsetzung ins Leben.

Schütze 22.11. - 21.12.

Expansion, Sinnsuche

Planetenherrscher:	Jupiter
Element:	Feuer
Qualität:	Veränderlich / Yang
Leitsatz:	Ich glaube
Jahreszeit:	Advent
Körperl. Entsprechung:	Hüften, Oberschenkel, Leber, Galle

Schütze ist das Zeichen der Bewußtseinserweiterung und der Suche nach dem Sinn und Ziel des menschlichen Lebens.

Die tiefgreifend verwandelnden Erfahrungen des Skorpionzeichens führten zur Erkenntnis des eigenen unsterblichen Wesens und der Vergänglichkeit der Materie.

Der Schütze beginnt nun, die Möglichkeiten dieses "Geistes", der als schöpferische Kraft hinter allem Sichtbaren steht, zu erfahren und auszuschöpfen. Mit Hilfe seiner großen Vorstellungs- und Visionskraft kann er Welten erschaffen.

Schütze ist immer auf der Suche nach Antworten, nach Wahrheit und Erkenntnis, nach Erweiterung seines Wissens und Verstehens. Er ist immer auf dem Weg einem Ziel entgegen, ein Schütze ohne Ziel, das seinem Leben einen Sinn gibt, ist wie ein See ohne Wasser. Im Grunde zieht er aus, um für sich und alle anderen den Weg zum Glück zu finden. Er hat hohe humanitäre, ethische und auch spirituelle Ideale und erstrebt eine Welt, die jedem ein Optimum an Freiheit und Entwicklungsmöglichkeiten bietet. Dabei bedient er sich der Philosophie und der Religion als Wegweiser zu den Antworten auf die Fragen nach dem Sinn und Ziel des Lebens. Doch begnügt er sich selten mit übernommenen Dogmen und Glaubensvorstellungen, sondern entwickelt aus eigener Erfahrung und Erkenntnis ein neues, eigenes Weltbild. Er besitzt einen starken Optimismus, und seine Glaubenskraft ist immens. Sie wird gespeist von einem feinen Orientierungssinn, einem intuitiven, inneren Wissen um den richtigen Weg, seiner Verbindung mit dem höheren Selbst. Sie ist die Kraft, die seine oft fast visionär geschauten Möglichkeiten letztendlich zu Wirklichkeiten werden läßt.

Der Enthusiasmus, die Begeisterung und Überzeugungskraft, mit der der Schütze seine Erkenntnisse und innere Wahrheit nach außen vertritt und anderen zugänglich machen möchte, machen ihn manchmal zum Lehrer, zum spirituellen oder geistigen Führer. Dabei bleibt er selbst meist ein ewig Suchender, einer, der weiß, daß man eigentlich nie ausgelernt hat und sich beständig weiterentwickeln muß, um den höchsten Verwirklichungsmöglichkeiten menschlichen Daseins gerecht zu werden.

1. Dekade: 22.11. - 1.12. Dekadenherrscher: Merkur

Die 1. Dekade entspricht dem expansiven, visionären Denken des Schützen. Nachdem man sich im Zeichen Skorpion mit den Begrenzungen des "niederen Selbst", emotionalen und materiellen Verhaftungen, auseinandersetzte und diese weitgehend überwand, beginnt nun der Schütze, die geistigen Dimensionen zu erkunden und ihren Reichtum auszuschöpfen. Sein Wissensdurst und seine Suche nach Wahrheit führen ihn auf innere und äußere Reisen. Durch die Beschäftigung mit verschiedenen Kulturen und Weltbildern erweitert er seinen Horizont, sein Bewußtsein und sein Verständnis vom Leben. Er erschließt beständig neue geistige "Räume" auf seiner Suche nach dem Sinn und Ziel des menschlichen Daseins. Dabei gelangt er schließlich zu seiner eigenen Wahrheit und einem Weltbild, das er dann ohne Zurückhaltung auch nach außen vertritt und nach dem er sein Leben gestaltet.

Er wird inspiriert von seinem Wissen um das große Potential und die ungeahnten Fähigkeiten, die in jedem Menschen schlummern und seiner Vision von einer besseren Welt, die allen ein Optimum an Freiheit und Entwicklungsmöglichkeiten bietet.

Der Lapislazuli

Chem. Zusammensetzung:	$(NaCa)_8((SO_4/S/Cl)_2/(AlSiO_4)_6)$ Gerüstsilikat
Spurenbestandteile:	Eisen
Kristallstruktur:	kubisch

Der Schütze wird als ein mythologisches Wesen dargestellt, als Centaur, halb Pferd und halb Mensch. Sein Pfeil zielt in den Himmel. Er symbolisiert somit die Entwicklung des Menschen heraus aus seiner "tierischen" Triebnatur zu höheren geistigen Zielen und Idealen. Nun bekommen wir von unserer Erziehung und unserer Kultur schon viele vorgefertigte Vorstellungen über die Natur des "Himmels", der "himmlischen Sphären", mit: Bilder und Vorstellungen von "Gott" und feste, von unserer Gesellschaft geprägte Ziele und Ideale. Der Lapislazuli, der schon in seinem Aussehen, seinem tiefen Blau mit fein verteilten Einschlüssen von Pyrit, an einen nächtlichen Sternenhimmel erinnert, hilft dabei, diese übernommenen Vorstellungen und Meinungen aufzulösen und zur eigenen Wahrheit zu finden. Er fördert die Fähigkeit, einfach so zu sein, wie man ist, bringt Ehrlichkeit, Direktheit und Kompromißlosigkeit bezüglich dessen, was man selbst als wahr erkannt hat. Dadurch stärkt er auch das Selbstbewußtsein.

So wie man der inneren Wahrheit mit seiner Hilfe ins Auge blicken kann ohne die Konsequenzen, die vielleicht auch eine Veränderung der eigenen Lebensumstände mit sich bringen, zu fürchten, kann man auch die Wahrheiten, die von außen herangetragen werden, leichter konfrontieren. Man gewinnt die Fähigkeit, sich wirklich anzuhören, was der andere zu sagen hat, es als seine Betrachtung anzunehmen und trotzdem offen die eigene Meinung zu äußern. Damit hilft er, Konflikte leichter zu meistern.

Allerdings fordert er notwendige Auseinandersetzungen durch die Aufrichtigkeit und Direktheit, die er vermittelt, manchmal geradezu heraus. Wenn man ihn trägt, hört man sich plötzlich Dinge sagen, die man schon lange immer wieder hinuntergeschluckt hat oder die einem selbst in dieser Klarheit bisher nicht so bewußt waren. Völlig undiplomatisch und ohne Beschönigung ist das für Menschen, die bisher ein anderes Verhalten gewöhnt waren, manchmal nicht leicht zu verdauen.

Generell bewirkt der Lapislazuli eine Öffnung nach "oben", er vermittelt neue Erfahrungen "geistiger Dimensionen", die das eigene Weltbild tiefgreifend verändern können. Er fördert Erkenntnis, Weisheit und Intuition sowie die Kommunikation auf nonverbaler Ebene und diejenige mit nichtkörperlichen Wesen.

Körperlich hilft Lapislazuli bei Beschwerden von Hals, Kehlkopf und Stimmbändern, besonders wenn diese auf übermäßige Zurückhaltung oder unterdrückten Ärger zurückzuführen sind. Er senkt den Blutdruck, indem er hilft, innerem Druck "Luft zu machen", er reguliert die Funktion der Schilddrüse und verlängert den Menstruationszyklus.

2. Dekade: 2.12. - 11.12. Dekadenherrscher: Mond

In dieser Dekade verbindet sich die starke emotionale Seite des Schützen, symbolisiert durch den Mond, mit seinem Streben nach höheren geistigen Werten und Idealen.

Ein feines Gespür und intuitives, inneres Wissen für das, was für einen selbst wahr und erstrebenswert ist, wird hier zur Grundlage und treibenden Kraft des Lebens. Man weiß hier um sein eigentliches Ziel, seine eigentliche Aufgabe, auch wenn dieses Wissen so unmittelbar, direkt und umfassend ist, daß es oftmals jenseits der Worte liegt. Diese innere Gewißheit führt den Schützen wie ein Kompaß, so daß er immer wieder den richtigen Weg für seine weitere Entwicklung findet.

Er weiß um seinen eigenen Mythos, der seiner inneren Bilderwelt entspringt und sowohl seinen Ursprung wie auch sein letztendliches Ziel darstellt.

Somit hat der Schütze auch eine starke Beziehung zur Religion und große Glaubenskraft. Sei es eine bestehende Religion oder Glaubensgemeinschaft, die seine eigene innere Wahrheit nach außen hin darstellt und verkörpert und ihm eine geistige Heimat gibt, oder die "religio" im ursprünglichsten Sinn des Wortes als Rückverbindung zu seinem eigenen inneren Wissen.

Der Sodalith

Chem. Zusammensetzung:	$Na_8((Cl_2/(AlSiO_4)_6)$ Gerüstsilikat
Spurenbestandteile:	Beryllium, Kalium, Magnesium
Kristallstruktur:	kubisch

Der Sodalith ist dem Lapislazuli der 1. Dekade des Schützen sowohl in seiner mineralogischen Grundstruktur als auch in seiner grundsätzlichen Wirkung eng verwandt. Das Fehlen des feurigen und "kompromißlosen" Schwefels macht ihn allerdings in seinem Ausdruck sanfter, beherrschter und gefühls-

betonter und ordnen ihn damit der vom Mond beherrschten Dekade des Schützen zu.

Durch das Spurenelement Beryllium fördert er den Idealismus, das Wahrheitsstreben und hilft, seinen innersten Überzeugungen und Zielen treu zu bleiben.

Wie alle kubischen Steine löst er Blockaden, hier vor allem im Gefühlsbereich, und Schuldgefühle auf. Er regt an, sich von einengenden Dogmen und unbewußten Verhaltensmustern zu verabschieden, die der weiteren Entwicklung hinderlich sind, so daß man eine starke Empfindung dafür entwickelt, wer man wirklich ist und was man tatsächlich anstrebt. Dies muß nicht unbedingt in Worten faßbar sein. Es entsteht einfach eine Art von Bewußtheit und innerer Gewißheit, die den richtigen Weg finden läßt. Ob und wie man das dann zum Ausdruck bringen möchte, bleibt der eigenen Entscheidung überlassen. Somit drücken sich die Erkenntnisse, die man mit seiner Hilfe gewinnt, auch nicht so spontan und direkt in der Außenwelt und persönlichen Lebenssituation aus, wie dies beim Lapislazuli der Fall ist. Man nimmt sich eher die Zeit und Ruhe, sie in sich ausreifen zu lassen und sie dann, Schritt für Schritt, aber konsequent, in sein Leben zu integrieren. Sollte es allerdings notwendig sein, hat man durchaus auch den Mut, seine Meinungen und Ansichten offen zu äußern.

Der Sodalith verstärkt die Sehnsucht nach Freiheit und eine starke Abneigung gegen alles, was nicht der eigenen Identität entspricht. Er ist der Stein, der den eigenen Mythos finden und leben läßt, indem er die innere Bilderwelt anregt.

So findet man am Ende heraus, daß das angestrebte Ziel identisch ist mit dem Ursprung, von dem man ausging, gespeichert in den eigenen Seelenbildern. Man erfährt dann Religion als Ausdruck der "re-ligio", der "Rück-Verbindung" zu den eigenen geistigen Wurzeln.

Körperlich hilft der Sodalith wie der Lapislazuli bei Beschwerden des Halses und der Stimmbänder, besonders bei lang anhaltender Heiserkeit. Er wirkt kühlend, senkt den Blutdruck und regt die Flüssigkeitsaufnahme im Körper an.

3. Dekade: 12.12. - 21.12. Dekadenherrscher: Saturn

In der 3. Dekade kommt vor allem die Zielstrebigkeit des Schützen, die Fähigkeit, sein gesamtes emotionales und geistiges Potential auf das Erreichen eines großen Ziels und eines hohen Ideals zu konzentrieren (Saturn), zum Ausdruck. Er hat gelernt, seine Triebe zu zügeln und sie in geistiges Streben umzusetzen. Ein hohes Maß an Losgelöstheit von rein persönlichen Zielen und Motivationen verbindet sich mit seinem inneren Feuer, seiner Begeisterungsfähigkeit und großem Engagement zu einem starken Idealismus. Er lebt für seine Vision von einem freien, glücklichen, sinnerfüllten Leben in einer gerechten Gesellschaft, die jedem Menschen die Möglichkeit gibt, sich zu entwickeln, sein volles Potential zu entfalten und sein Bewußtsein zu erweitern.

So wird er oft zum Vorreiter einer neuen Philosophie oder Weltanschauung, zum Lehrer, zum geistigen oder religiösen Führer, dessen Ziel es ist, die Menschen zu größerer Erkenntnis, Wahrheit, Weisheit und Verwirklichung ihrer höchsten Möglichkeiten zu führen.

Der Saphir

Chem. Zusammensetzung:	Al_2O_3 Aluminiumoxid (Tonerde)
Spurenbestandteile:	Eisen (Fe^{3+}), Titan
Kristallstruktur:	trigonal

Der Name des Saphir leitet sich von dem Sanskritwort "sani" = Saturn ab. So wird er der 3. Dekade Schütze, die von Saturn beherrscht wird, zugeordnet.

Er hat die Fähigkeit, zerstreute geistige Kräfte zu konzentrieren und auf ein gewähltes Ziel hin zu bündeln.

Mit seiner Hilfe kann man sein Leben, Ziele und Ideale einer Prüfung unterziehen und die wirklich wichtigen Dinge darin erkennen. Er bewirkt die Verwandlung heftiger Emotionen in geistiges Streben, den Wunsch nach Wissen und Weisheit und fördert dadurch eine klare, nüchterne Betrachtung.

Er öffnet das Bewußtsein für den Kontakt mit dem geistigen Mentor, dem inneren Lehrer, und stärkt die Gewißheit einer geistigen Gegenwart und Realität. Durch diese Gewißheit des geistigen Hintergrunds aller materiellen Erscheinungen vermittelt er die Glaubenskraft, die die eigenen Visionen Wirklichkeit werden läßt.

Der Glaube ist das Gefährt, die Emotion der Treibstoff und der Geist mit einer klaren, eindeutigen Absicht der Lenker. So verwirklichen sich mit Hilfe des Saphirs Ideen und Gedanken extrem schnell. Allerdings sollte man sich gut überlegen, was man sich wünscht, denn es wird wahrscheinlich in Erfüllung gehen.

Im Grunde geschieht das ja ständig. Doch indem der Saphir die Realisation der eigenen Wünsche beschleunigt, wird man sich des Zusammenhangs dessen, was man sich wünscht, mit dem, was man bekommt, stärker bewußt und das mit allen Konsequenzen, die man vielleicht nicht bedacht hat. Durch den

Saphir lernt man also, seine Gedanken und Vorstellungen besser zu kontrollieren, Wünsche klarer zu formulieren, so daß das Endergebnis einem selbst und allen anderen wirklich Glück und Segen bringt.

Körperlich fördert der Saphir alle Heilungsprozesse durch den geistigen Entschluß zur Gesundung. Er lindert Schmerzen und senkt das Fieber.

Ausgleichsteine des Schützen

Die große Visionskraft des Schützen, die Fähigkeit und der Wunsch, seinen geistigen Raum auf der Suche nach Antworten auf alle Fragen der menschlichen Existenz immer mehr zu erweitern, birgt auch die Gefahr, sich mehr und mehr von der Realität zu entfernen und sich in immer abstrakteren Philosophien zu verlieren. In diesem Fall fördert der **Dolomit** ein einfaches, pragmatisches Denken, den gesunden Menschenverstand, der sich an der gegenwärtigen Situation, dem gegenwärtigen Stand der Entwicklungen orientiert. Damit wird es möglich, Ziele und Ideale auch tatsächlich zu verwirklichen, anstatt in Gedanken immer schon mindestens drei Schritte voraus zu sein und so sich selbst und seine Umwelt hoffnungslos zu überfordern. Er hilft, nicht nur in zukünftigen Möglichkeiten zu schwelgen, sondern auch im Hier und Jetzt Zufriedenheit zu erleben, ohne deswegen die eigene Entwicklung zu vernachlässigen.

Auch der **Azurit-Malachit** bringt den Schützen wieder in Kontakt mit der menschlichen Realität, vor allem, wenn sein ideelles, geistiges Streben, sein starker philosophischer Überbau nicht mehr mit seiner emotionalen und triebhaften Seite harmoniert. So vermittelt er ihm in diesem Bereich Harmonie, den Einklang von Verstand und Gefühl. Er hilft ihm, Ansprüche und Dogmen aufzulösen, die seiner immer noch menschlichen Natur nicht gerecht werden.

Sitzt er in einem "Elfenbeinturm" der Gelehrsamkeit und des Wissens und nimmt sich selbst und seine Erkenntnisse zu wichtig, stärkt der Azurit-Malachit sein Interesse an Umwelt und Mitmenschen, er macht aufgeschlossen, hilfsbereit und fördert das Wohlbefinden auf allen Ebenen.

Der **Indigolith (blauer Turmalin)** vermittelt dem Schützen Offenheit und Toleranz gegenüber den vielfältigen Gesichtern der Wahrheit. Hat er sich in einen Weg, ein Ziel, eine Wahrheit verrannt, hilft er ihm, wenn es nötig sein sollte, auch wieder ohne Bedauern loszulassen und zu erkennen, daß letztlich "viele Wege nach Rom führen".

Links: Azurit-Malachit; oben rechts: Dolomit; unten rechts: Indigolith

Steinbock 22.12. - 19.1.

Begrenzung, Vervollkommnung

Planetenherrscher:	Saturn
Element:	Erde
Qualität:	Kardinal / Yin
Leitsatz:	Ich vollende
Jahreszeit:	Winter, Weihnachten
Körperl. Entsprechung:	Skelett, Knie, Nägel

Im Zeichen Steinbock hat die Sonne ihren tiefsten Stand erreicht. Es beginnt mit der Wintersonnenwende und markiert damit den Beginn des letzten Viertels des Tierkreises. Ursprünglich begann nun der Sonnengott seinen Wiederaufstieg aus der Unterwelt. Auch wir feiern heute noch in dieser Zeit Weihnachten, die Geburt des Christkinds, als Symbol der Wiedergeburt des Lichts und des Lebens und der Entwicklung des Individuums zu seinem ursprünglichen, reinen Wesen.

Die Visionen und Ideen des Schützen müssen nun im realitätsbezogenen Erdzeichen Steinbock innerhalb des festen, begrenzten Rahmens der materiellen Welt und des täglichen Lebens umgesetzt und an der Wirklichkeit überprüft werden. Gott ist Fleisch geworden oder das Wesen erschafft einen Körper, um seine Wahrheiten am eigenen Leib zu erfahren, daran zu wachsen und dadurch größere Bewußtheit, Klarheit und Vollkommenheit zu erreichen, denn es muß ihnen ja nun tatsächlich gerecht werden.

Steinbock mit seinem Herrscher Saturn ist eine Zeit der Prüfung. Unter dem "Druck" der Realität und auch seines eigenen Strebens nach Vollkommenheit muß der Steinbock sich nun von allem Überflüssigen, dem innersten Wesen nicht Zugehörigem, "Wesensfremdem", trennen und gewinnt damit ein kristallklares Bewußtsein und die Erkenntnis der wirklich wesentlichen Dinge des Lebens. Dies gibt ihm seine Ausstrahlung von Selbstbewußtsein, innerer Stärke und Autorität.

Doch sein Weg auf den "Berg der Erkenntnis" ist lang und steinig, denn er hat hohe Ansprüche an sich selbst. Er meistert ihn mit der für ihn so charakteristischen Ausdauer, Disziplin, Willenskraft und Konsequenz und motiviert von seinem Pflichtbewußtsein und Verantwortungsgefühl der menschlichen Gemeinschaft und dem Leben gegenüber. Er tut es im Grunde nicht nur für sich, sondern aus dem Wunsch heraus, mit seinen besonderen Fähigkeiten und den Erkenntnissen, die er mitbringt, der Menschheit zu dienen. So kehrt er auch immer wieder aus der "Höhe" der geistigen Dimensionen zurück ins Leben, denn er weiß, daß alle "Erleuchtung" letztendlich nur soviel wert ist, wie sie real umsetzbar ist und dem Wohle aller dient.

Er formuliert dann die subjektiven, intuitiv erkannten Wahrheiten des Schützen zu objektiven, allgemeingültigen Gesetzen, klaren Strukturen, Richtlinien des Verhaltens und Regeln des Zusammenlebens.

Damit steht das Steinbockprinzip auch für den Staat oder die Gesellschaft und ihre Gesetze. Der Steinbock wird dann oft zum Vertreter und Hüter dieser Ordnung, zum Vorbild und Repräsentanten der Ideale der jeweiligen Gesellschaftsform. Sein Weltbild ist klar, eindeutig, realitätsbezogen und festgefügt.

1. Dekade: 22.12. - 31.12. Dekadenherrscher: Jupiter

Die 1. Dekade symbolisiert das Streben des Steinbocks nach Reinheit, Klarheit und Vollkommenheit. Die Suche des Schützen nach immer neuem Wissen, neuen Erfahrungen und Erkenntnissen hat seine Grenzen erreicht, denn unendliche Ausdehnung verliert sich schließlich im Nichts, bleibt wirkungslos.

In der 1. Dekade des Steinbocks geht es darum, sinnvolle Grenzen zu setzen und seine Aufmerksamkeit auf das Wesentliche zu konzentrieren. Man schafft Ordnung und Klarheit, indem man die subjektiven, intuitiv erkannten Wahrheiten des Schützen neutral und objektiv betrachtet und sie zu allgemein gültigen Regeln und Gesetzen formuliert.

So ist der Steinbock hier bestrebt, klare Strukturen zu schaffen, feste Richtlinien, die für eine wirkliche Weiterentwicklung, ein gesundes Wachstum unbedingt nötig sind.

Genauso wie der Organismus eines Menschen sich aus vielen kleineren Organismen zusammensetzt, die sich in ihrem reibungslosen Zusammenspiel den Gesetzmäßigkeiten des größeren Ganzen unterwerfen, ist auch das menschliche Zusammenleben erst innerhalb einer festen gesellschaftlichen Struktur möglich, in die der Einzelne sich einfügt und sein Ziel in der Aufgabe findet, an seinem Platz sein Bestes zum Wohle des Gesamten zu leisten.

So besitzt der Steinbock die Weisheit, die Grenzen individueller Freiheit, persönlichen Wachstums und Selbstentfaltung zu erkennen, sie zugunsten einer größeren Ordnung zu akzeptieren und die Ziele der Gemeinschaft zu seinen eigenen zu machen.

Der Bergkristall

Chem. Zusammensetzung:	SiO_2, Oxid
Spurenbestandteile:	keine
Kristallstruktur:	trigonal

Der Bergkristall ist der klarste und reinste Vertreter der großen Quarzfamilie.

Wenn er ganz klar ist, enthält er keinerlei Fremdbeimengungen anderer Mineralstoffe. Dies ist auch der Grund für die Makellosigkeit seines Kristallwachstums, da jeglicher Fremdstoff die perfekte Ordnung seines Kristallgitters stören würde.

So vermittelt der Bergkristall vor allem Klarheit und Reinheit, er hilft, sich auf die wesentlichen Dinge im Leben zu konzentrieren. Er fördert eine neutrale Betrachtung und damit eine klare Wahrnehmung, ungetrübt von persönlichen Gefühlen oder Einstellungen.

Sein absolut regelmäßiger innerer Aufbau, seine klare Struktur werden in der Schönheit seines Kristallwachstums sichtbar und verdeutlichen, was im Rahmen der 1. Dekade beschrieben wurde: die Notwendigkeit einer gewissen Ordnung und Struktur für ein gesundes Wachstum und die Entwicklung zu größerer Vollkommenheit.

So ordnet der Bergkristall die Gedanken und hilft, Probleme auf einfache Art und Weise zu lösen. Er hilft, schrittweise zu erschaffen, aufzubauen und zu gestalten. Er bringt Selbsterkenntnis, läßt sowohl die eigenen Fähigkeiten als auch Grenzen erkennen und stärkt dadurch das Bewußtsein für den eigenen Standpunkt, die Aufgabe und das Lebensziel innerhalb der umfassenderen Ordnung eines größeren Ganzen.

Bergkristalle sind die Gedächtniszellen der Erde. Sie haben die Fähigkeit, Informationen zu speichern und wieder abzugeben. Da Bergkristall ein im Grunde neutraler Energiespender ist, kann er mit bestimmten Bildern geladen werden, die er dann kontinuierlich abstrahlt.

Körperlich belebt der Bergkristall gefühllose, energetisch unterversorgte Stellen. Er vitalisiert, senkt jedoch das Fieber und lindert Schmerzen und Schwellungen. Er ist gut für Haut, Haare, Nägel, Schleimhäute, Drüsen und Knochen und verstärkt die Wirkung aller anderen Steine oder Therapien.

2. Dekade: 1.1. - 9.1. Dekadenherrscher: Mars

Die 2. Dekade des Steinbockzeichens steht für die starke Dynamik, am eigenen Charakter zu arbeiten, und tugendhaftes Handeln.

Man stellt hohe Ansprüche an sich selbst und andere und muß nun die notwendigen Schritte unternehmen, um diesen auch gerecht werden zu können. Mit Ausdauer, großer Willenskraft und Disziplin arbeitet der Steinbock daran, seine Ideale im täglichen Leben und Handeln umzusetzen und so seine Erkenntnisse an der Wirklichkeit zu überprüfen. So fällt alles Unnütze, Überflüssige weg. Übrig bleibt, was wirklich funktioniert und dem Druck der Realität, der materiellen Welt, standhält.

Dies sind auch die Prüfungen des Lebens, denen sich der Steinbock immer wieder bewußt aussetzt, an denen er wächst und zu größerer Klarheit, Bewußtheit und Vollkommenheit gelangt.

Er erlebt so seine eigenen Wahrheiten an sich selbst, dabei hat er die Fähigkeit, ihre Auswirkungen von einer höheren Warte aus objektiv zu beobachten und zu beurteilen. Was am Ende übrigbleibt, ist wirklich ein Teil seines Wesens geworden, ist die gereinigte Essenz und konzentrierte Erkenntnis grundlegender Gesetzmäßigkeiten, die er dann mit der ihm eigenen Konsequenz und Bestimmtheit zur allgemeingültigen Norm erheben und vertreten kann. Er richtet sein ganzes Handeln nach diesen "geprüften Gesetzmäßigkeiten" aus, nach den Strukturen, deren Wirksamkeit und Funktionstüchtigkeit er absolut sicher sein kann. Dieses große Wissen, ausgereift und fundamentiert durch Erfahrung, gibt ihm seine unbezwingbare Stärke, seine über jeden Zweifel erhabene Sicherheit und Überlegenheit.

Der Diamant

Chem. Zusammensetzung:	C (reiner Kohlenstoff)
Spurenbestandteile:	keine
Kristallstruktur:	kubisch

Der Name des Diamanten leitet sich vom griechischen "adamas" ab und bedeutet "unbezwingbar". Er ist der Stein im Mineralreich mit der größten Härte. Seit langer Zeit symbolisiert er deshalb Stärke, Unverwundbarkeit und Tugendhaftigkeit, wobei diese Begriffe durchaus eng miteinander verbunden sind, denn wer ein reines, "tugendhaftes" Leben führt, braucht nichts zu fürchten und gewinnt die innere Stärke, die ihn gegen äußere Angriffe "unverwundbar" macht.

So lenkt der Diamant die Aufmerksamkeit auf die wirklich wichtigen, wesentlichen Dinge des Lebens. Er hilft, einen neutralen, übergeordneten Standpunkt einzunehmen und bringt eine klare Erkenntnis der eigenen Lebenssituation. Er fördert das logische Denken und die Fähigkeit, die Folgewirkungen der eigenen Handlungen und größere Zusammenhänge zu überblicken. Er hilft, Erkenntnisse umzusetzen und gibt die Stärke, die Prüfungen des Lebens zu meistern, die der Veredelung des Charakters dienen.

Genauso wie das innere Feuer des Diamanten erst durch das Schleifen sichtbar wird, bringt der "Schleifprozeß" des Lebens mit seinen Aufgaben und Prüfungen erst den wahren Charakter und die Vollkommenheit des inneren Wesens zum Vorschein, wenn man sich ihnen stellt.

Ist man allerdings nicht bereit, sein Leben entsprechend seinen Erkenntnissen zu verändern, bringt der Diamant Situationen, die uns so lange unter Druck setzen, bis dann keine andere Wahl mehr bleibt. Er zwingt, all die "Hintertürchen", die die eigene Charakterschwäche sich immer wieder offenhalten möchte, zu schließen und fördert klare Entscheidungen ohne faule Kompromisse.

Diese Eigenschaften des Diamanten spiegeln sich auch in seiner Entstehungsgeschichte wider: Gerät Graphit unter extremen Druck und große Hitze verwandelt er sich, wenn ein bestimmter Grenzwert überschritten wird, von einer Sekunde auf die andere in einen Diamanten, den Edelsten aller Steine.

Der Diamant verstärkt somit den Druck auf die "Blockaden", die der Vervollkommnung des Charakters im Wege stehen. Dadurch kann man Strukturen erkennen und überwinden, die dem eigenen innersten Wesen nicht entsprechen.

Der Diamant ist ein gnadenloser Lehrmeister, doch die "innere Flamme" des "Wesens-Lichts", das er letztendlich in seiner Vollkommenheit und Reinheit zum Strahlen bringt, kann dann auch mit seiner "unbezwingbaren" inneren Stärke, seiner Unanfechtbarkeit, seinem Mut und seiner Willenskraft anderen zum "Leuchtfeuer" auf dem Weg werden.

3. Dekade: 10.1. - 19.1. Dekadenherrscher: Sonne

Die 3. Dekade symbolisiert das Verantwortungsbewußtsein, die menschliche Reife und Charakterstärke des Steinbocks.

Durch die konsequente Umsetzung seiner Erkenntnisse in die Realität hat er nun einen stabilen eigenen Standpunkt und ein festgefügtes Weltbild geschaffen. Er hat Erfahrung gewonnen und ist daran gereift. Er handelt nach erprobten und bewährten Richtlinien, die seinen Erfolg garantieren. Darauf gründen sich seine Autorität und sein Selbstbewußtsein. Er hat seinen Platz im Leben gefunden und handelt innerhalb der bestehenden Strukturen, entsprechend seinem eigenen Charakter, konsequent und verantwortungsbewußt aufgrund logisch nachvollziehbarer Tatsachen und Fakten. Seine Ausdauer, Disziplin, Zuverlässigkeit und sein Pflichtbewußtsein bringen ihn oft in verantwortungsvolle gesellschaftliche Positionen. Er kann und will Vorbild und Autorität sein, denn mit seinem Sinn für Strukturen definiert er sich auch über seine gesellschaftliche Stellung. Er vertritt die Gesetze, die das Funktionieren eines größeren Organismus wie einer Gemeinschaft, eines Gesellschaftssystems oder des Staates sicherstellen und ist bestrebt, die bestehenden Strukturen zu erhalten. Seine persönlichen Bedürfnisse und individuelle Selbstverwirklichung bedeuten ihm wenig. Sein Verantwortungsgefühl verpflichtet ihn, sich mit großer Konzentration und Ernsthaftigkeit seiner jeweiligen Aufgabe zu widmen, in dem Bewußtsein, sein Bestes zum Wohle der menschlichen Gemeinschaft beitragen zu wollen.

Der Onyx

Chem. Zusammensetzung:	SiO_2, Oxid
Spurenbestandteile:	Eisen, Kohlenstoff
Kristallstruktur:	trigonal

Der Onyx gehört zur großen Familie der Chalcedone. Er erhält seine schwarze Farbe durch Beimengungen von Eisen und Kohlenstoff. Der eigentlich "luftige" Charakter des Chalcedons läßt schon die Nähe des nachfolgenden Luftzeichens Wassermann ahnen, doch wird seine Wirkung durch das Vorhandensein der Spurenelemente stark verändert. Lange hatte der Onyx einen schlechten Ruf. Er galt als Unheilbringer und "Stein der Egoisten". Das, meine ich, ist allerdings eine Frage der Betrachtung und persönlicher Wertungen.

Der Onyx fördert tatsächlich die Entwicklung eines *gesunden* Ego. Wenn man einmal die Wertungen unserer Zeitepoche außer acht läßt, sieht man, daß auch das Ego durchaus notwendig ist, um lebensfähig zu sein, sich innerhalb der bestehenden Strukturen unserer Gesellschaft durchzusetzen und zu behaupten. Der Onyx ist also ein Stein für Menschen, denen es schwerfällt, einen eigenen Standpunkt zu beziehen und beizubehalten, die sich zu leicht beeinflussen lassen. Er zentriert und hilft, seinen Platz im Leben zu finden, den man dann auch nötigenfalls zu verteidigen weiß.

So ist hier nicht das Ego gemeint, das seine Verantwortung gegenüber der Umwelt negiert und nur sein eigenes Süppchen kocht, sondern das "Ego des reifen Menschen", der sich seiner inneren Stärke bewußt ist, der seine Verantwortung kennt und gerade deswegen konsequent und selbstbewußt, entsprechend seinem Charakter und seinen Fähigkeiten, handelt.

So stärkt der Onyx das Selbstbewußtsein und Verantwortungsgefühl. Er verbessert die Konzentrationsfähigkeit, fördert Ernsthaftigkeit, Genauigkeit und Nachdenklichkeit. Er hilft, sich von persönlichen Emotionen nicht beeinflussen zu lassen, sondern aufgrund logisch nachvollziehbarer Fakten zu handeln, schlüssig und bestimmt zu argumentieren. Er lenkt die Aufmerksamkeit auf die irdische Realität.

Körperlich verbessert der Onyx das Gehör, hilft bei Erkrankungen des Innenohrs und stärkt das Immunsystem.

Interessant ist dabei noch die Tatsache, daß das Innenohr der Sitz des Gleichgewichtssinns ist, und dieser hat wiederum viel mit der Standfestigkeit, dem Beziehen und Aufrechterhalten eines stabilen eigenen Standpunkts zu tun.

Ausgleichsteine des Steinbocks

Die Identifikation des Steinbocks mit Strukturen im allgemeinen und gesellschaftlichen Strukturen im besonderen und sein starkes Sicherheitsbedürfnis können dazu führen, daß er seine große Ausdauer und Disziplin nicht mehr dem Streben nach Erkenntnis und deren konkreter Umsetzung ins Leben weiht, sondern sein einziger Ehrgeiz darin besteht, gesellschaftliche Macht oder materiellen Besitz zu erlangen. Er muß dann die Strukturen, die ihn absichern, um jeden Preis erhalten, und seine Stärke verkehrt sich ins Negative, er beginnt, alle Neuerungen sowie auch andere Menschen zu unterdrücken.

Der **Dumortierit** hilft dem Steinbock, diese zwanghaften Verhaltensmuster zu erkennen und aufzulösen. Er gibt ihm das Vertrauen, auch ohne diese "Sicherheiten" die Kontrolle über das eigene Leben zu bewahren. Er fördert eine positive Lebenseinstellung und vermittelt ein leichtes, beschwingtes Lebensgefühl, so daß er sich selbst und anderen wieder mehr Freiheit gewähren kann.

Auch der **Morganit** hilft ihm hier, Selbstwichtigkeit abzubauen und Veränderung zuzulassen, denn die Regeln und Gesetze, die ihn absichern, trennen ihn auch vom Leben und seinen Gefühlen, die er leicht übergeht, da sie ihren eigenen Gesetzmäßigkeiten gehorchen und mit seinen Vernunftgründen oft nicht übereinstimmen. Der Morganit macht ihm seine seelischen Bedürfnisse wieder bewußt und hilft ihm, ihnen auch ihren Platz zuzugestehen. Er weckt die Liebe zum Leben und allem Lebendigen. Er läßt den Steinbock seinen Ehrgeiz einmal vergessen, fördert die Freude an geistigen Tätigkeiten, die keinem Gewinn oder Erfolg dienen, und schafft so Raum für Muße.

Links: Morganit; mitte oben: Dumortierit; rechts: Schörl; Mitte unten: Sonnenstein

Die starke Strebsamkeit des Steinbocks und sein hoher Anspruch an Vollkommenheit machen es ihm manchmal schwer, sich selbst und seine Erfolge zu würdigen. Es könnte alles meistens noch besser, schöner, schneller, eben einfach irgendwie noch perfekter sein, als es schon ist. Er konzentriert sich damit häufig auf Fehler und Dinge, die er noch nicht erreicht hat. Dabei verliert er immer mehr das Vertrauen und den Glauben an sich selbst. Der **Sonnenstein** vermittelt ihm hier wieder das Bewußtsein seiner Fähigkeiten, der eigenen Stärke und steigert das Selbstwertgefühl, indem er die Aufmerksamkeit auf das lenkt, was man tatsächlich eigentlich schon geschafft und wo man Erfolge gehabt hat – und das ist beim Steinbock, wenn er es dann recht betrachtet, meistens eine ganze Menge. So vermittelt er ihm Lebensfreude, Optimismus und neuen Tatendrang.

Da der Steinbock seine Aufgaben mit großer Genauigkeit und Ernsthaftigkeit erledigt, gerät er leicht in Streß, wenn zuviel Verschiedenes auf ihn einstürmt. Der **Schörl (Schwarzer Turmalin)** hilft ihm hier, flexibel zu sein und auch in Zeiten großer Belastung ruhig und gelassen zu bleiben. Er stärkt seine Abgrenzung gegenüber den Ansprüchen seiner Umgebung und schützt ihn vor negativen Gedanken.

Wassermann 20.1. - 18.2.

Erneuerung

Planetenherrscher:	Uranus (Saturn)
Element:	Luft
Qualität:	Fix/Yang
Leitsatz:	Ich befreie
Jahreszeit:	Fastnacht
Körperl. Entsprechung:	Unterschenkel, Bauchspeicheldrüse

Das Zeichen Wassermann symbolisiert Erneuerung, das Aufbrechen der alten Ordnung. Er versteht sich als Reformer und Erneuerer, dort, wo der übermächtig gewordene, unbewegliche Apparat und überholte Strukturen die Freiheit und Individualität des Menschen zu sehr beschränken.

In dieser Zeit feiern wir auch Karneval, um uns unter der Maske des Narren über alle gesellschaftlichen Regeln und Normen hinwegzusetzen, während die alte Ordnung für eine kurze Zeit aufgehoben ist.

Der Wassermann ist ein Individualist und Original, unkonventionell und erfinderisch. Er sucht neue, ungewöhnliche und teilweise extreme Erfahrungen, die ihn inspirieren und anregen. Er ist der Pionier eines erweiterten Bewußtseins, jenseits materialistischer Logik, das die Grenzen des bisher Vorstellbaren sprengt und Unmögliches Wirklichkeit werden läßt.

Bei allem Streben nach Freiheit und Individualität besitzt der Wassermann doch einen starken Gemeinschaftssinn. Statt sich dabei auf starre Gesetze zu berufen, die dem Individuum niemals gerecht werden können, betont er die Selbstverantwortung des Einzelnen als Teil der menschlichen Gemeinschaft. Im Wassermann entwickelt sich nun ein wahres "Gemeinschaftsdenken", ein "Gemeinschaftsgeist", hier sind es gemeinsame Ziele und Ideale, die Menschen motivieren, sich zu Gruppen und Gemeinschaften zusammenzuschließen. Machtstrukturen und soziale Unterschiede verlieren zugunsten von Teamgeist und gleichberechtigter Zusammenarbeit an Bedeutung. Die Ideale des Wassermanns sind: Freiheit, Gleichberechtigung und Brüderlichkeit, das Schaffen von freundschaftlichen Verbindungen, in denen jeder seine individuelle Eigenart bewahren kann und gerade dadurch zur Entwicklung und zum Funktionieren des Ganzen beiträgt.

Dabei stellt sich ihm dann auch die Aufgabe, sehr Gegensätzliches miteinander zu verbinden: Individualität und Gemeinschaftssinn, Freiheit und Gebundenheit, Ordnung und Chaos. So ist es sein Ziel, ein Bewußtsein jenseits der ständig präsenten Dualität der materiellen Welt zu entwickeln. Indem er sich distanziert, in die Position des neutralen Dritten begibt, erkennt er, daß Gegensätze sich nicht ausschließen, sondern sich gegenseitig bedingen und letztendlich die zwei Seiten ein- und derselben Münze sind. So kommt er vom "entweder oder" zum "sowohl als auch" und damit dem All-Einheitsbewußtsein des nachfolgenden Fischezeichens wieder einen Schritt näher.

1. Dekade: 20.1. - 29.1. Dekadenherrscher: Venus

In der 1. Dekade kommt der Einsatz des Wassermanns für Freiheit und Gleichberechtigung zum Ausdruck. Er stellt überkommene Werte und bestehende Strukturen in Frage und strebt soziale Gerechtigkeit und Chancengleichheit für alle Menschen an.

Im Steinbock bestimmte der gesellschaftliche Rang den Wert und Nutzen des einzelnen für die Gemeinschaft. Wassermann dagegen ist bemüht, soziale Unterschiede auszugleichen und aufzuheben. Für ihn zeigt sich der Wert eines Menschen darin, wie er durch den Ausdruck seiner Individualität und persönlichen Eigenart das Gemeinschaftsleben inspiriert und bereichert.

Er sucht neue und ungewöhnliche Erfahrungen, Anregung und Abwechslung. So setzt er sich im Ausdruck seiner Originalität über alle Grenzen und Einschränkungen hinweg und macht damit das bisher Unvorstellbare möglich, was oftmals auch in seiner äußeren Erscheinung zum Ausdruck kommt. Aufgeschlossen, spontan und "lebenshungrig" pflegt er gern viele, meist lockere Kontakte zu Menschen, die wie er etwas "aus dem Rahmen" fallen und ihn inspirieren.

Der Opal

Chem. Zusammensetzung:	$SiO_2 + H_2O$, Oxid
Spurenbestandteile:	Kohlenstoff, Calcium, Eisen, Magnesium
Kristallstruktur:	amorph

Der faszinierende Opal mit seinem bunten Schillern paßt am besten zu der oftmals ungewöhnlichen, "schillernden" Persönlichkeit und Erscheinung des Wassermanns.

So ungewöhnlich und einmalig wie das Tierkreiszeichen, dem er zugeordnet wird, ist auch sein innerer Aufbau: Er besteht aus Siliciumdioxid-Kügelchen, an denen sich das Licht bricht und die so sein farbiges Schillern hervorbringen.

Damit lenkt der Opal die Aufmerksamkeit auf die bunten Seiten des Lebens, fördert die Lebensfreude, Enthusiasmus und Optimismus, bringt Intensität und Beschleunigung. Er fördert Spontanität und Unkonventionalität und macht das Leben wieder zum Abenteuer.

Er beseitigt Grenzen und Hemmungen, läßt es zu, die eigene Gefühlswelt ohne Scham zu genießen und auszuleben, die eigene Individualität ohne Zurückhaltung zum Ausdruck zu bringen. Damit stärkt er auch das erotische Empfinden, die Sexualität und das Verlangen, doch nicht nur das sexuelle

Verlangen, sondern generell den Wunsch nach Aufregung, Abwechslung, nach intensiven Erfahrungen und Erlebnissen, den Wunsch, das Leben in all seinen Extremen und seiner bunten Vielfalt zu "er-leben" und auszukosten.

So macht er aufgeschlossen und extrovertiert, unbefangen und locker, "leichten Sinnes" und damit auch manchmal etwas leichtsinnig.

Die Kugelstruktur des Opals zeigt aber noch eine andere interessante Parallele zur Persönlichkeit des Wassermanns. Jeder einzelne bildet im Ausdruck seiner Individualität und Originalität eine in sich abgeschlossene Einheit (Kugel), steht jedoch mit allen anderen innerhalb eines größeren Ganzen in Verbindung (Opal). Jeder einzelne trägt durch seine Persönlichkeit zur Lebendigkeit und bunten Vielfalt des Ganzen bei (Schillern des Opals durch die Lichtbrechung an den einzelnen Kügelchen). Dies ist das Gemeinschaftsverständnis des Wassermanns, das auf Selbstbestimmung und Selbstverantwortung des einzelnen Menschen beruht, nicht auf starren Regeln und Gesetzen, die der persönlichen Entfaltung enge Grenzen setzen.

Körperlich wirkt Opal durch die Stärkung des Lebenswillens generell gesundheitsfördernd.

2. Dekade: 30.1. - 8.2. Dekadenherrscher: Merkur

Die 2. Dekade entspricht der geistigen Ungebundenheit und dem inspirierten Denken des Wassermanns. Er setzt sich für Freiheit und das Recht auf Selbstbestimmung ein. Gegen jeglichen Zwang, Unterdrückung und Ungerechtigkeit geht er radikal auf die Barrikaden.

Er macht sich frei von einschränkenden Denk- und Verhaltensmustern und den Begrenzungen der konventionellen Logik. Er kann einen distanzierten, übergeordneten Standpunkt einnehmen, ohne die Dinge sofort zu bewerten, eine Erklärung finden und in ein bestehendes System einordnen zu müssen. So kann er Möglichkeiten wahrnehmen in Form von Inspirationen und plötzlichen Einfällen, die vielleicht im Moment nicht logisch erklär- oder nachvollziehbar sind und doch funktionieren. Dadurch wird er oft zum Vorreiter eines erweiterten Weltbildes und Verstehens neuer Gesetzmäßigkeiten und Zusammenhänge universell-kosmischer oder wissenschaftlich-technischer Natur. Viele große Erfindungen und wissenschaftliche Erkenntnisse wurden auf diese Art gewonnen. Er initiiert immer wieder geistiges Wachstum, indem er die Grenzen des Bekannten überschreitet und sich für ungewöhnliche, erneuernde Ideen und Erfahrungen öffnet.

Der Fluorit

Chem. Zusammensetzung:	CaF_2, Halogenid
Spurenbestandteile:	Kohlenstoff, Chlor, Eisen Cerium, Yttrium
Kristallstruktur:	kubisch

Dieser Dekade des Wassermanns entspricht der Fluorit. Seine Wirkung leitet sich grundsätzlich aus seiner Zugehörigkeit zur Mineralklasse der Halogenide ab. Diese haben stark auflösende Eigenschaften, da sie alle aus der Verbindung einer aggressiven Säure, in diesem Fall Flußsäure (Fluorwasserstoff), mit einem Metall entstanden sind.

So hilft der Fluorit, einschränkende Denk- und Verhaltensmuster, "kleinkariertes" Denken und fixe Ideen aufzulösen. Er stimuliert geistiges Wachstum und eröffnet völlig neue Dimensionen des Denkens. Fluorit regt eine rasche Auffassungsgabe an, fördert das Konzentrationsvermögen und die Fähigkeit, neue Informationen schneller zu verarbeiten, indem er hilft, sie zum bestehenden Wissen in Beziehung zu setzen und einzuordnen. Daher kann man ihn hervorragend als Lernhilfe, auch für Kinder, einsetzen. Er regt außerdem dazu an, "ungewöhnliche" Verbindungen einzelner Informationen herzustellen und dadurch zu völlig neuen Erkenntnissen zu gelangen.

Damit löst er also nicht nur alte, ausgediente Strukturen auf, sondern hilft vor allem auch, neue, dynamische und flexible Systeme zu schaffen, die einem erweiterten Bewußtsein und Wissen besser angepaßt sind. So macht der Fluorit geistig beweglich und erfinderisch.

Grundsätzlich fördert der Fluorit den Freigeist. Er stärkt den Wunsch, sein Leben selbst zu bestimmen und nach den eigenen "Spielregeln" zu gestalten. Mit seiner Hilfe wird man sich bewußt, wo dies nicht der Fall ist, wo man fremdbestimmt ist, und man hat dann die Möglichkeit, sich zu entscheiden, diese Bindungen entweder aufzulösen oder einige davon als selbstgewählt zu akzeptieren und die Verantwortung dafür zu übernehmen. Ausschlaggebend ist dabei immer die Möglichkeit zur eigenen freien Entscheidung.

Stößt man allerdings auf Zwang, Ungerechtigkeit oder unterdrückende Strukturen, macht der Fluorit äußerst radikal und kompromißlos in dem Bemühen, diese schnellstmöglich zu beseitigen sowie Freiheit und soziale Gerechtigkeit wiederherzustellen.

Körperlich macht der Fluorit ebenso beweglich, bessert Steifheit, Gelenkbeschwerden und Haltungsschäden. Er stärkt Knochen und Zähne durch seinen Gehalt an Calcium und Fluor. Er fördert die Regeneration der Schleimhäute, besonders der Lunge und der Atemwege, und regt das Nervensystem, vor allem die Leitfähigkeit der Gehirnzellen, an.

3. Dekade: 9.2. - 18.2. Dekadenherrscher: Mond

Die 3. Dekade entspricht der Freiheit des Wassermanns von Gefühlsbindungen, von festgelegten emotionalen Reaktionen, seiner neutralen Distanz zu allen gewöhnlichen Dingen des menschlichen Lebens.

Er hat sich von einschränkenden Gefühlen und Bildern, Ängsten und Hemmungen befreit und erlaubt sich ganz und mit allen Konsequenzen, er selbst zu sein. Dabei nimmt er sich trotzdem nicht allzu wichtig, genausowenig wie alles andere, denn er hat aufgehört, an Bildern, Erinnerungen, anderen Menschen oder materiellen Dingen festzuhalten und sich mit seinen Gefühlen dazu zu identifizieren. So wird er wie der Narr des Tarot, unbeschwert und frei, jeden unverwechselbaren, einzigartigen Moment seines Lebens mit aller Intensität erfahren.

Er liebt die Abwechslung und die Freiheit, seinen spontanen Impulsen und Eingebungen folgen zu können. Selbstverantwortlich und selbstbestimmt, nichts und niemand anderem verpflichtet als seiner eigenen Ethik, der wahren Stimme seines Herzens.

Der Apophyllit (Fischaugenstein)

Chem. Zusammensetzung:	$KCa_4(F/(Si_4O_{10})_2)+8H_2O$ Schichtsilikat
Spurenbestandteile:	keine
Kristallstruktur:	tetragonal

Der Apophyllit oder Fischaugenstein zeigt schon durch seinen Namen die Nähe zum nachfolgenden Wasserzeichen der Fische an. Auch sein hoher Wassergehalt verbindet ihn mit dem Element Wasser, dem Mond, der diese Dekade beherrscht, und der Welt der Gefühle.

Als Stein des Wassermanns vermittelt er ein Gefühl der Befreiung und hilft, Verhaftungen an alte Gefühle und Bilder loszulassen. Er hilft, die Angst vor Verlust und Gefühle des Haben-Wollens zu überwinden.

Er gibt innere Sicherheit, Gelassenheit und Ruhe, das Bewußtsein, daß wirkliche Freiheit darin besteht, nichts festhalten zu müssen, sondern sich dem Fluß des Lebens unbeschwert vom Ballast vergangener Zeiten anzuvertrauen und so jeden unverwechselbar einzigartigen Moment des Lebens in vollem Bewußtsein und mit seiner ganzen Intensität erfahren zu können.

So lindert der Apophyllit Ängste, Sorgen und Beklemmungsgefühle. Er vermindert das Gefühl der Selbstwichtigkeit und stärkt dagegen das Selbstwertgefühl.

Er hilft, sich so zu zeigen, wie man ist, sich zu erlauben, ganz und gar man selbst zu sein und sich von den Ansprüchen anderer Menschen oder sogenannten Sachzwängen zu befreien. Er verbessert die Fähigkeit, wahre Intuition von Einbildung zu trennen, auf die Stimme des Herzens zu hören und dementsprechend selbstbestimmt und selbstverantwortlich zu handeln. So fördert er auch eine freie Religiosität ohne Dogmen und Unterdrückung.

Mit dem Apophyllit gewinnt man die Fähigkeit und den Wunsch, seinen inneren Impulsen und Eingebungen spontan zu folgen, seiner Phantasie und seinem Einfallsreichtum freien Lauf zu lassen und nimmt sich auch den Raum dafür.

Körperlich heilt der Apophyllit Atemwegsbeschwerden, deren psychischer Hintergrund eine starke Angst vor Verlusten und Festhalten ist, so vor allem Asthma. Er fördert die Regeneration von Haut und Schleimhäuten (Fluor), die Reizleitung in den Nerven (Kalium, Calcium), reguliert den Herzrhythmus (Calcium) und stärkt das Herz (Kalium). Er hilft, Allergien zu lindern.

Ausgleichsteine des Wassermanns

Wenn der Drang des Wassermanns nach Abwechslung, ungewöhnlichen Erfahrungen und immer neuen Reizen zur Sucht wird und er dabei den "Boden unter den Füßen", das Gefühl für sich selbst und seine "Mitte", verliert, hilft ihm das **Versteinerte Holz,** sich zu erden und zu sammeln. Es regt die innere Bilderwelt an, beruhigt, bringt Erholung und einen gesunden Realitätssinn. Es hilft, sich Zeit für Muße und Nachdenken zu gönnen, eine angenehme Atmosphäre zu schaffen und ein einfaches Leben zu leben.

Die Offenheit des Wassermanns für neue geistige Impulse und sein Wunsch, diesen nachzukommen, können manchmal zu Überforderung durch zu rasante Entwicklungen und zu plötzlichen Umbrüchen im Leben führen. Der **Aragonit** übt hier eine beruhigende und stabilisierende Wirkung auf den dann oft von einer nervösen Unruhe, Sprunghaftigkeit und Überempfindlichkeit geplagten Wassermann aus. Er hilft, konzentriert an einer Sache zu bleiben und lenkt die Entwicklung in ruhigere Bahnen.

Manchmal kann es dem Wassermann nicht schnell genug gehen, notwendige Reformen durchzuführen und seine Impulse umzusetzen. Hier wirkt der **Magnesit** beruhigend und entspannend. Er vermindert Nervosität und Gereiztheit, erhöht die seelische Belastbarkeit und macht geduldig. Auch hilft er ihm, wenn seine Originalität zur exzentrischen Maske wird, die durch immer neue "Gags" eine tiefe Unsicherheit über die eigene Identität verbergen soll, sich selbst anzunehmen und zu lieben, wie er ist. Er fördert die Fähigkeit, hinzuhören und sich selbst etwas in den Hintergrund zu stellen.

Links: Versteinertes Holz; rechts oben Magnesit; unten Aragonit

Fische 19.2. - 20.3.

Einheit, Auflösung

Planetenherrscher:	Neptun (Jupiter)
Element:	Wasser
Qualität:	Veränderlich/Yin
Leitsatz:	Ich liebe
Jahreszeit:	Vorfrühling, Ende des Winters, Fastenzeit
Körperl. Entsprechung:	Füße, Schädeldach

Im Zeichen Fische, dem "letzten" des Tierkreises, strebt man der Vollendung zu. Man wird bewegt von einer unendlichen Sehnsucht nach der Rückkehr in einen ursprünglichen Zustand des Seins, den man mit Worten kaum beschreiben kann.

Fische symbolisiert im Tierkreis Anfang und Ende zugleich, den Zugang des Menschen zum geistigen Urgrund der Dinge, aus dem alles geboren wird und zu dem es am Ende auch wieder zurückkehren muß. Die Form, die ein Wesen annahm und gestaltete und alles, was damit verbunden war: Gedanken, Gefühle, körperliche Empfindungen oder materiellen Besitz muß es nun wieder hinter sich lassen, denn sein Haften daran ist das Hindernis, das es von seinem höchsten Ziel trennt. Sind alle Hüllen gefallen, alle offenen Rechnungen beglichen und somit alle körperlichen, seelischen und geistigen Bande gelöst, löst das "kleine Ich" sich auf, und das innerste Wesen erlebt seine Wiederauferstehung in der Vereinigung mit dem, was Christen "Gott", Buddhisten "die ursprüngliche Natur des Geistes", Chinesen "das Tao" nennen. Dabei erkennt es, daß es im Grunde nie anders gewesen ist und alle Getrenntheit eine Illusion war, die es sich selbst geschaffen hat.

Nun ist nicht jeder Fische-Geborene ein "Erleuchteter", doch haben fischebetonte Menschen meist einen starken Zugang zu spirituellen Dingen und ein intuitives inneres Wissen darum. Sie verspüren eine große Sehnsucht nach Erlösung von körperlichen oder materiellen Begrenzungen und nach dem Gefühl der grenzenlosen All-Verbundenheit. So sind sie auch zu großem Mitgefühl und selbstloser Liebe fähig. Mit Idealismus und Opferbereitschaft können sie sich einer Aufgabe hingeben, von der sie glauben, daß sie dazu beiträgt, die Menschheit von Leid zu befreien und sie ihrem höchsten Ziel näherzubringen.

Auch Medialität, heilende oder hellseherische Fähigkeiten, finden wir in diesem Zeichen, da die Grenzen zur "Anderswelt" hier sehr durchlässig geworden sind und die Erfahrungen der "geistigen Welt" oft realer sind als die der materiellen "Realität".

1. Dekade: 19.2. - 29.2. Dekadenherrscher: Saturn

Die 1. Dekade entspricht dem Streben des Fischezeichens nach Vollendung und Auflösung aller Form. Es symbolisiert die Weisheit des "panthas rei", des "alles fließt", die Erkenntnis, daß nur das Festhalten an äußeren Formen, Gedanken, Gefühlen und Bildern uns von der Erfahrung der All-Einheit und unserem wahren göttlichen Wesenskern trennt. So muß man sich hier bewußt werden, was man begonnen, was man geschaffen hat und es zu Ende bringen, um es dann wirklich loslassen zu können. Damit entwickelt man die Einsicht, die Hingabefähigkeit und den Idealismus, seinen selbstgewählten Weg bis zum Ende zu gehen und sich dabei einer "geistigen Führung" anzuvertrauen.

Dieser Abschnitt des Tierkreises markiert also auch eine Art "Schwelle", den "point of no return", wie ihn z.B. die Mönchs- oder Priesterweihe darstellt, an dem man sich entscheidet, sein Leben ganz einem höheren Ziel zu weihen.

Der Aquamarin

Chem. Zusammensetzung:	$Al_2Be_3(Si_6O_{18})$, Ringsilikat
Spurenbestandteile:	Kalium, Lithium, Natrium, (Eisen)
Kristallstruktur:	hexagonal

Diesen Qualitäten entspricht im Mineralreich der Aquamarin. Sein Name kommt vom lateinischen "aqua marina" = "Meerwasser". Dies verbindet ihn mit dem Tierkreiszeichen Fische, sein Gehalt an Beryllium und seine hexagonale Struktur mit Saturn.

Wie alle Berylle fördert er Idealismus und Zielstrebigkeit, wobei er dabei Leichtigkeit und heitere Gelassenheit vermittelt, so daß sich alles Begonnene schnell und fließend entwickelt. Er vermittelt die Erfahrung, wieder mit dem letztendlich allgegenwärtigen, großen Fluß des Lebens verbunden zu sein, der alle nötigen Mittel und Energien zur Verfügung stellt, wenn man nur den Mut hat, sich ihm anzuvertrauen und seine Konzepte davon, *wie* es der eigenen Meinung nach gehen müßte, einmal beiseite zu stellen. So führt er subtil und fast unmerklich über die Grenzen bisheriger Erfahrungen hinaus und verhilft zu tiefen Einsichten in geistige Gesetzmäßigkeiten und Zusammenhänge, die auf einem konkreten Erleben beruhen. Damit lernt man, sich hinzugeben, ohne sein Ziel aus den Augen zu verlieren, sich geistig auszurichten und sich dann führen zu lassen.

Der Aquamarin hilft, sich dem selbstgewählten Weg ganz und ohne Kompromisse zu weihen, stärkt das aufrichtige Streben nach geistigem Wachstum

und macht dabei ausgesprochen dynamisch und ausdauernd, ohne Fanatismus zu entwickeln.

Er klärt Verwirrung, indem er dazu anregt, Ordnung zu schaffen, sich offener Zyklen bewußt zu werden und sie abzuschließen. Wenn dann die "Altlasten" der Vergangenheit abgetragen sind, gewinnt man auch wieder neue Ausblicke auf die Zukunft. So fördert der Aquamarin auch den Weitblick, die Voraussicht bis zur Medialität und Hellsichtigkeit.

Körperlich stärkt er ebenfalls einen klaren Blick, indem er die Sehkraft bei Kurz- und Weitsichtigkeit verbessert. Vom Beryll, zu dessen Familie der Aquamarin zählt, leitet sich auch unser heutiges Wort "Brille" ab, denn geschliffene Berylle wurden oft als Sehhilfe verwendet. Weiterhin lindert er Überreaktionen des Immunsystems, Autoimmunerkrankungen und Allergien, insbesondere Heuschnupfen.

2. Dekade: 1.3. - 10.3. Dekadenherrscher: Jupiter

Die 2. Dekade symbolisiert die grenzenlose Weite des unendlichen Raums. Nachdem man alle Verhaftungen mit persönlichen Dingen hinter sich gelassen hat, wird man sich der wahren Größe seines ursprünglichen Wesens wieder bewußt. Man erkennt, daß man nicht sein Körper ist, nicht seine Gedanken, nicht seine Gefühle und daß es jenseits dieses kleinen, begrenzten "Ich", das in der materiellen Welt agiert, noch etwas gibt. Für unser an "Enge" gewöhntes Bewußtsein ist die Ausdehnung dieses geistigen Wesens, sind seine Fähigkeiten und Möglichkeiten unendlich. Es scheint alles Existierende, alles Vorstellbare und Unvorstellbare zu enthalten, man empfindet sich als eins mit dem Leben selbst: "Ich bin alles, alles ist ich." Dies war für die Mystiker aller Zeiten die "heilige Hochzeit", die Verschmelzung mit dem Göttlichen in der Erkenntnis der eigenen Göttlichkeit. Dann wird man sich auch des eigentlichen Sinns und der Aufgabe des eigenen und des menschlichen Daseins wieder bewußt.

Die mehr oder weniger bewußte Ahnung oder das Wissen um die Erfahrung dieses im Grunde natürlichsten, ursprünglichen Daseins als geistiges Wesen prägt auch das Leben, die Sehnsucht und das Streben der Fische-Geborenen mit ihren oft ungewöhnlichen intuitiven, medialen, künstlerischen oder heilenden Fähigkeiten.

Der Moldavit

Chem. Zusammensetzung:	SiO_2, Oxid
Spurenbestandteile:	Aluminium, Calcium, Eisen, Kalium, Natrium
Kristallstruktur:	amorph

Der Moldavit entstand durch den Aufprall eines Riesenmeteoriten im heutigen Nördlinger Ries. Spritzer der dadurch entstandenen Gesteinsschmelze wurden 400 km durch die Luft geschleudert, kühlten dabei ab und landeten in der Gegend der heutigen Moldau, wo sie jetzt gefunden werden und deshalb ihren Namen tragen.

Die Information dieses "Raumfahrers", der den Moldavit entstehen ließ, und die unendliche Weite seiner himmlischen Heimat sind immer noch im Stein gespeichert, sensible Menschen können auch die Hitze und den "Schock" dieser "kosmischen Katastrophe" spüren. So kann der Moldavit unter anderem, ähnlich wie der Obsidian, aber in viel größeren Dimensionen, die Folgewirkungen von kollektiven Traumata auflösen helfen, die auch dazu beigetragen haben, daß wir unser Bewußtsein und unsere Fähigkeiten auf einen relativ engen "Raum", der meistens nicht viel weiter als die Grenzen unseres Körpers reicht, beschränkt haben und uns unserer wahren Größe als geistige Wesen nicht mehr bewußt sind.

Der Moldavit läßt uns dann immense geistige Dimensionen erleben, vermittelt das Gefühl von Körperlosigkeit und grenzenloser Weite und läßt uns unsere ursprüngliche geistige Größe sowie die damit verbundenen Fähigkeiten und Möglichkeiten erahnen. Unser Leben aus dieser Perspektive zu betrachten, kann eine große Hilfe sein, wenn wir von unseren, im Vergleich dazu kleinen, alltäglichen Sorgen und Nöten geplagt, nicht mehr über unseren Tellerrand hinauszuschauen imstande sind.

Der Moldavit löst die Aufmerksamkeit von den materiellen Dingen und der Identifikation mit unserem physischen Körper, ermöglicht so außerkörperliche Erfahrungen und geistige Reisen durch Raum und Zeit. Dabei bringt er Erinnerungen und Traumbilder, die uns Einblick in den Sinn und die Aufgabe unseres Daseins geben können.

Er stärkt das Einfühlungsvermögen, die Intuition, Hellsichtigkeit und heilende Fähigkeiten.

Körperlich macht der Moldavit die wirklichen Krankheitsursachen bewußt. Er unterstützt den Heilungsprozeß, indem er hilft herauszufinden, welchen Gewinn man durch die Krankheit gemacht hat, denn da das Leben grundsätzlich auf Gewinn ausgerichtet ist, birgt auch jede Krankheit einen Gewinn. Findet man dann eine Möglichkeit, sich diesen Gewinn, auch ohne krank zu sein, zu erhalten, wird man meist sehr schnell wieder gesund.

3. Dekade: 11.3. - 20.3. Dekadenherrscher: Mars

Mit der 3. und letzten Dekade des Zeichens Fische schließt sich der Kreis. Ihr Herrscher Mars findet sich wieder in der 1. Dekade Widder, mit der wir unsere Reise durch den Tierkreis begannen, und symbolisiert damit auch die Einheit von Anfang und Ende. Jeder Anfang setzt das Ende von etwas Vorangegangenem voraus so wie jedes Ende schon den Neubeginn in sich trägt.

Diese Dekade symbolisiert das Bewußtsein der All-Verbundenheit und die Erfahrung einer Daseinsebene jenseits von Raum und Zeit, die bisher mit Worten kaum beschrieben werden kann, da die Konzepte der Wirklichkeit unseres Verstandes sie noch nicht zu erfassen vermögen. Doch auch die wissenschaftliche Forschung gelangt seit einiger Zeit immer mehr in diese Dimensionen und wird sich irgendwann genau an diesem Punkt wieder mit der jahrtausendealten, spirituellen Überlieferung und Erfahrung treffen und vereinen.

Dieses Bewußtsein kommt in unserem Leben auch in einer großen Hingabefähigkeit und Demut vor dem Wunder der Schöpfung zum Ausdruck. Man wird dann fähig, den "göttlichen Funken", das Wirken der Lebenskraft in allem, was existiert, zu erkennen. So finden wir hier die Liebe und Achtung vor allem Lebendigen als Verkörperung des "Göttlichen", des schöpferischen Geistes, Mitgefühl für alle Wesen und den starken Wunsch, zu helfen und zu heilen als Dienst am Leben selbst.

Ob als Mönch, Priester, Heiler, Künstler oder in welcher äußeren Form auch immer, wird damit das eigene Handeln zum "Gottesdienst", indem man den eigenen Körper und sein Leben diesem schöpferischen Potential als "Werkzeug" zur Verfügung stellt, und man wird durch seine Werke und Taten zum lebendigen Ausdruck einer zeitlosen Wahrheit jenseits der Worte.

Der Kunzit

Chem. Zusammensetzung:	$LiAl(Si_2O_6)$, Kettensilikat
Spurenbestandteile:	Calcium, Magnesium, Mangan, Natrium
Kristallstruktur:	monoklin

Der Kunzit als Stein der 3. Dekade Fische fördert Demut und Hingabe. Er lehrt, sich mit seinem "kleinen Willen" einer höheren Wahrheit zu beugen und sich damit in den Dienst der schöpferischen Kraft zu stellen, die alles Leben hervorbringt, durchdringt und erhält. So baut er Widerstände ab, macht durchlässig für Inspirationen und Eingebungen und stärkt die Intuition. Er hilft, sich zu öffnen und bringt die Erfahrung einer geistigen Dimension, in der alles mit

allem verbunden ist. Aus dieser Perspektive verlieren rein egoistische Motive und Bedürfnisse an Bedeutung gegenüber dem Wunsch, für seine Mitmenschen dazusein und vor allem dem Leben und der Schöpfung zu dienen.

So fördert er eine lebensbejahende Gesinnung und bringt ein Gefühl der Verbundenheit mit allem Lebendigen, das sich auch durch ein großes Mitgefühl und eine "reine" Liebe für alle Wesen, jenseits körperlichen Verlangens, ausdrückt. Damit gewinnt man die Fähigkeit, durch seine Ausstrahlung in seiner Umgebung eine heilende und auch für das geistige Wachstum förderliche Atmosphäre zu schaffen.

Er gibt Gelassenheit, aber auch die Kraft, sich einer idealistischen Aufgabe ganz hinzugeben und sie mit allen zur Verfügung stehenden Mitteln und Möglichkeiten zu bewältigen.

Kunzit stärkt die Erinnerungsfähigkeit, wirkt aufmunternd und hilft bei Depressionen.

Körperlich lindert er Nervenleiden und Schmerzen, z.B. Ischias, Neuralgien und Zahnschmerzen.

Ausgleichsteine der Fische

Die Erfahrungen der immensen geistigen Dimensionen und umfassenden Wahrheiten der Fische-Geborenen finden meist auf einer intuitiven, mit dem rationalen Verstand schwer faßbaren Gefühlsebene statt. So fällt es ihnen oft schwer, ihr inneres Erleben mit der äußeren Realität in Übereinstimmung und in Form von konkretem Handeln zum Ausdruck zu bringen. Dann kann es sein, daß sie sich in eine Phantasiewelt zurückziehen und immer mehr den Kontakt zur Wirklichkeit verlieren. Der **Achat** stärkt hier ihren Realitätssinn und die Fähigkeit, ihre inneren und äußeren Erfahrungen auch logisch-rational zu erfassen und zu verarbeiten und mit der Alltagsrealität in Verbindung zu bringen. Damit fördert er sie darin, einfach-pragmatische Lösungen zu finden, die unverzüglich in die Tat umgesetzt werden können. Der Achat gibt Schutz und stärkt die Abgrenzung gegen äußere Einflüsse, so daß man sich nicht so leicht ablenken oder beeinflussen läßt, und hilft dadurch, die eigenen Angelegenheiten konzentriert und gesammelt zu regeln.

Die Auflösung der Ich-Grenzen im Zeichen Fische birgt die Gefahr, alles Leid der Welt als das eigene zu empfinden und schließlich daran zu verzweifeln. Der **Türkis** hilft den Fischen hier, sich abzugrenzen, indem er das Ich-Bewußtsein stärkt und neue Energie gibt. So macht er wach und handlungsfreudig, vermittelt dabei ein Gefühl des tiefen Friedens und gleicht starke Stimmungsschwankungen aus. Er fördert ihre Fähigkeit, sich aus einer passiven Opferhaltung zu befreien und hilft, zuerst einmal die Verantwortung für das eigene Leben zu übernehmen, bevor man sich aufmacht, die Welt zu erlösen. Denn man kann erst für andere eine wahre Hilfe sein, wenn man erkennt, daß jeder selbst seines Glückes Schmied ist und dann seine Mitmenschen darin unterstützt, sich selbst zu helfen.

In unserer Gesellschaft wird der Fisch durch eine einseitig materialistische Erziehung oder Umgebung oft dazu gezwungen, seine Erfahrungen einer geistigen Realität zu negieren, oder zumindest wird es ihm recht schwer gemacht, die geistige mit der körperlichen Realität zu verbinden. Er wird dann zum "Extremrationalisten", der versucht, diese Dimension durch den vermehrten Genuß von "geistigen" Getränken oder anderem Suchtverhalten wieder in sein Leben einzubeziehen, oder zum Asketen, der sich jegliches körperliche Bedürfnis verwehrt. Hier hilft der **Amethyst**, das Gleichgewicht zwischen beiden Existenzebenen wiederherzustellen und sie harmonisch miteinander zu verbinden. Er vermittelt sowohl dem Rationalisten die Erfahrung einer geistigen Dimension, ohne daß er den "Boden unter den Füßen" verliert, als auch dem "Vergeistigten" ein gesundes Verhältnis zu seinem Körper und materiellen Belangen.

Von links im Uhrzeigersinn: Amethyst, Achat, Türkis

3. Teil: Anwendungen

Der Umgang mit Steinen

Reinigen und Aufladen

Da nicht nur die Steine auf den Menschen, sondern auch der Mensch, der sie trägt, auf die Steine einwirkt, müssen sie regelmäßig gereinigt werden.

Es ist kaum möglich, eine feste Regel für die Zeit anzugeben, nach der ein Stein der Reinigung bedarf, da dies je nach der Intensität Ihrer "gemeinsamen Erfahrungen" und je nach Stein verschieden sein kann.

Im Grunde "spürt" man es und sollte auf jeden Fall dieser inneren Stimme folgen, wenn man sie wahrnimmt. Äußere Anzeichen am Stein sind z.B. Trübungen, Verfärbungen und Risse. Soweit sollte man es allerdings, wenn möglich, erst gar nicht kommen lassen, denn diese Schäden sind dann meist schon irreparabel. Auch wenn man einen Stein verliert, kann es ein Anzeichen dafür sein, daß er sehr viel aufgenommen und "seinen Dienst" getan hat.

Reinigung mit Wasser und Salz

Die einfachste und gefahrloseste Möglichkeit einen Stein zu reinigen, besteht darin, ihn mehrere Stunden bis zu drei Tagen in eine Schale mit Wasser zu legen, die man wiederum in eine größere Schale mit Kochsalz stellt. Das Salz hat die Fähigkeit, die auf den Stein übergegangenen Informationen und Spannungen heraus- und aufzulösen. Der direkte Kontakt mit Salz schadet allerdings manchen Steinen, so daß die hier beschriebene Methode, wenn man sich nicht genau auskennt, die sicherste ist.

Reinigen und Aufladen in einer Amethyst- oder Rauchquarzdruse

Auch in einer Amethyst- bzw. Rauchquarzdruse oder einem Drusensegment können Steine gereinigt werden. Dies hat den Vorteil, daß die Steine dabei noch energetisch aufgeladen und regeneriert werden. Auch Steine, die vorher mit Wasser und Salz gereinigt wurden, können anschließend in einer Druse aufgeladen werden.

Aufladen an der Sonne

Hat man keine Amethystdruse zur Verfügung, ist es auch möglich, Edelsteine zum Aufladen einige Zeit an die Sonne zu legen.

Verwendung zu Heilzwecken

Es gibt verschiedenste Möglichkeiten, Heilsteine zu verwenden, im Grunde sind der Phantasie dabei keine Grenzen gesetzt. Einige der gebräuchlichsten Anwendungsmöglichkeiten sollen hier kurz beschrieben werden:

Auflegen

Soll eine Wirkung auf ein einzelnes Organ oder eine genau lokalisierte Schmerzstelle erzielt werden, bietet es sich an, den entsprechenden Stein direkt auf diese Stelle aufzulegen. Auch die Behandlung der Chakren und Akupunkturpunkte ist hier möglich.

Tragen

Soll ein Stein seine Wirkung über eine längere Zeit hinweg entfalten, kann er entweder an der betreffenden Stelle mit Heftpflaster befestigt oder als Kette, Anhänger oder Handschmeichler getragen werden.

Meditation

Einige Steine werden seit langer Zeit auch zu Meditationszwecken verwendet, so z.B. der Bergkristall, der Obsidian und in neuerer Zeit auch der Moldavit. Im Grunde ist fast jeder Stein auch meditativ zu verwenden. Dazu kann man ihn entweder entspannt betrachten oder auf das 3. Auge auflegen. Er entfaltet dann vor allem seine Wirkung auf spiritueller oder geistiger Ebene.

Elixier

Edelstein-Elixiere werden ähnlich den Bachblüten-Essenzen hergestellt. Sie stellen eine hervorragende Alternative in der Heilanwendung von Steinen dar, wenn ständiges Bei-sich-Tragen eines Steines nicht möglich oder erwünscht ist. Auch in akuten Fällen leisten sie gute Dienste, da sie ihre Wirkung oftmals wesentlich schneller entfalten als der entsprechende Stein.

Richtlinien

Wenn Sie Steine wie oben beschrieben anwenden, gelten, egal welche der Methoden Sie anwenden, vor allem folgende Richtlinien:

1. Hören Sie auf Ihre Intuition bezüglich der Art und Dauer der Anwendung. Der 1. Impuls ist meistens auch der richtige. Mehr als alle Regeln der Welt nützen Ihnen hier Übung und Ihre eigene Erfahrung.

2. Beobachten Sie, möglichst ohne zu bewerten, was der Stein in Ihnen auslöst.

3. Beachten Sie dabei Ihre Gedanken, Gefühle, körperliche Reaktionen, spontane Ideen oder Einfälle oder besondere Themen, die Ihnen plötzlich in den Sinn kommen. Auch äußere Phänomene, die anscheinend gar nichts mit dem Stein zu tun haben, können Hinweise auf seine Wirkung sein. All dies gibt Ihnen Aufschluß über den Stein, sich selbst und Ihre Beziehung zueinander.

4. Manchmal ist es nicht möglich, während einer Behandlung sofort das gewünschte Ziel zu erreichen oder während einer Sitzung gleich alles über einen bestimmten Stein herauszufinden. Beenden Sie dann, wenn Sie einen erkennbaren Erfolg erzielt oder eine größere Erkenntnis gewonnen haben und fahren Sie zu einem späteren Zeitpunkt fort.

Die Anwendungsmöglichkeiten der Zuordnungen

Der ganze Kreis

Wie im Kapitel über die Grundlagen der Astrologie beschrieben, stellt der Tierkreis das Erleben des Menschen im immer wiederkehrenden Zyklus des Jahreslaufs dar. Darüber hinaus aber auch den Weg, den alles Geschaffene auf dieser Welt geht: Von seinem Ursprung bis zu seiner Vollendung hin zu einem neuen Beginn...

Die Tierkreiszeichen und ihre Dekaden stellen dabei einzelne Phasen dieses Zyklus dar mit jeweils ganz eigenen Qualitäten und Aufgabenstellungen.

Eine Möglichkeit, diese einmal ganz konkret zu erleben, ist, ein ganzes Jahr lang, oder auch nur für einen gewissen Teil davon, den der aktuellen Dekade zugeordneten Stein zu tragen.

Sie haben damit die Möglichkeit, sich in Einklang mit der Natur, den natürlichen Abläufen des Lebens und den kosmischen Gesetzmäßigkeiten zu bringen und Ihr persönliches Leben als Teil davon zu erfahren. Sie erfahren die Qualitäten der Dekaden und Zeichen, die Wirkung der Steine – und Ihre ganz persönliche Beziehung zu jedem von ihnen. Einige "Schritte" auf dieser "Reise" werden Ihnen dabei wahrscheinlich leichter fallen und angenehmer sein als andere. Versuchen Sie, dabei möglichst wenig zu bewerten und möglichst viel sich selbst und die Geschehnisse zu beobachten. Sie werden dann sicherlich viele interessante Erkenntnisse über sich selbst und das Leben an sich haben, und....

...das letzte Geheimnis enthüllt sich wie immer nur dem, der es wagt und sich auf den Weg macht...

Das persönliche Horoskop

Das persönliche Horoskop zeigt, wie sich die Lebenskräfte durch Ihre Persönlichkeit im Leben manifestieren und ausdrücken. Es zeigt Ihnen, wie Sie reagieren, wie Sie lieben, sich durchsetzen, Ihre Talente und Fähigkeiten sowie Ihre Grenzen und Schwächen, dargestellt durch die Planeten und ihre Stellung in den Zeichen und Häusern.

Entsprechend der Stellung jedes Planeten in einer Dekade ist ihm im Horoskop somit auch ein Dekadenstein zugeordnet.

Wenn Sie eine Horoskopzeichnung und die Ihren Planeten zugeordneten Steine der jeweiligen Dekade besitzen, können Sie nun einmal alle Steine an den ihnen entsprechenden Platz legen.

Das Gesamtbild

Betrachten Sie es eine Weile, und seien Sie offen für die Eindrücke, die Ihnen dieses Bild übermittelt.

Wie sieht es aus? Wie fühlt es sich an? Welche Stimmung und welche Farben herrschen vor? Ist es bunt oder eher einfarbig, ruhig und ausgewogen oder dynamisch? Vermittelt es Leichtigkeit oder Ernsthaftigkeit und Tiefgründigkeit? Können Sie dabei einen Bezug zu sich selbst, wie Sie sich kennen und empfinden, und dem bisherigen Verlauf Ihres Lebens herstellen? Was fällt besonders auf?

Was auch immer Ihnen beim Betrachten dieses Gesamtbildes in den Sinn kommt, es sagt etwas Grundlegendes über den Charakter Ihrer Gesamtpersönlichkeit aus.

Die einzelnen Steine

Als nächstes haben Sie nun auch die Möglichkeit, sich mit den einzelnen Steinen Ihres Horoskops zu befassen.

Wenn Sie die Steine Ihres Horoskops betrachten, werden Ihnen wahrscheinlich Unterschiede in Ihrer Beziehung zu verschiedenen Steinen bewußt:

"Alte Bekannte"

Wenn Sie sich bisher schon mit Steinen befaßt haben oder sogar schon eine Sammlung zu Hause haben, werden Sie sicherlich einige "alte Bekannte" unter Ihren Horoskopsteinen entdecken. Steine, die Ihnen schon lange vertraut sind, die Sie schön finden, als Schmuck tragen oder zu Heilungs- und Meditationszwecken verwenden.

Hatten Sie bisher noch keinen Kontakt mit Steinen, so gibt es aber sicher Steine darunter, die Sie anziehen, die Ihnen spontan gefallen und die Sie interessanter finden als andere.

Diese Steine stehen, entsprechend dem Planeten, dessen Stellung im Horoskop sie anzeigen, für Seiten Ihrer Persönlichkeit, die Ihnen bekannt und vertraut sind, mit denen Sie wahrscheinlich gut umgehen können und die Sie mögen. Diese Seiten können Sie mit Hilfe der zugeordneten Steine aktivieren und verstärken. Vielleicht entdecken Sie dabei auch noch Dinge, die Ihnen bisher nicht so bewußt waren und erkennen neue Möglichkeiten, Ihre Talente und Fähigkeiten noch besser einzusetzen und zum Ausdruck zu bringen.

"Fremdlinge"

Auf der anderen Seite finden Sie in Ihrem Horoskopbild Steine, die Ihnen fremd erscheinen oder geradezu unangenehm sind. Oder Sie empfinden sie einfach als unschön oder uninteressant.

Mit ihrer Hilfe haben Sie nun die Möglichkeit, den Seiten Ihrer Persönlichkeit ins Gesicht zu sehen, die Sie nicht so sehr lieben, die Sie beängstigen und die dadurch eher unterbewußt wirken. Dabei beeinflussen gerade diese Seiten Ihr Leben wahrscheinlich mehr, als Sie denken und Ihnen lieb ist, solange Sie sich nicht damit auseinandergesetzt haben. Die zugeordneten Steine können Ihnen helfen, sich auch diese Dinge einmal bewußt näher anzuschauen und damit die jeweiligen Persönlichkeitsanteile, symbolisiert durch den entsprechenden Planeten, mehr in Ihr Leben zu integrieren.

Sie können Ihnen helfen, Ihre bisherige Einstellung zu verändern und die dargestellte Kraft konstruktiv zu nutzen und einzusetzen.

Egal, ob Sie nun die Ihren Horoskopsteinen entsprechenden Kapitel einfach nur lesen oder mit den Steinen arbeiten und Ihre Erfahrungen machen, ist es auf jeden Fall ein Gewinn, sich selbst auf diese Art und Weise einmal von "außen" zu betrachten und die verschiedenen Anteile der eigenen Persönlichkeit als solche wahrzunehmen.

Der zentrale Stein

In jedem Horoskop gibt es einen Stein, der eine zentrale Stellung einnimmt. Sei es, daß er besonders auffällt oder auch gar nicht in das Gesamtgefüge zu passen scheint. Es ist der Stein, der, würde man ihn wegnehmen, den gesamten Eindruck stark veränderte. In diesem Stein findet man häufig eine Art "Universalheilmittel" für die jeweilige Person auf körperlicher, seelischer und geistiger Ebene.

Beachten Sie in diesem Zusammenhang auch den Stein, der der aufsteigenden Mondknotenstellung zugeordnet ist, die Sie in Ihrem Horoskop eingezeichnet finden. Der Mondknoten ist der Schnittpunkt von Sonnen- und Mondbahn und stellt ein grundlegendes Lebens- und Entwicklungsziel dar.

Auswahl der Steine

Wenn Sie mit Ihren Horoskopsteinen arbeiten möchten, beachten Sie bitte die Richtlinien zum Umgang mit Steinen im entsprechenden Kapitel. Gehen Sie bei der Auswahl der Steine nach der Reihenfolge Ihres Interesses vor, und nehmen Sie sich für jeden Stein so lange Zeit, wie Sie möchten. Von Minuten bis zu Monaten ist alles erlaubt und möglich. Versuchen Sie vielleicht auch mehrere der genannten Anwendungsmöglichkeiten. Wahrscheinlich werden Sie feststellen, daß auch für Steine, die Sie am Anfang überhaupt nicht interessierten oder die Sie sogar abstießen, im Laufe der Zeit ein Interesse entsteht. So können Sie, nach und nach, alle Steine Ihres Horoskops verwenden.

Wollen Sie ein Problem gezielt angehen, schauen Sie, ob es in Ihrem Edelsteinhoroskop einen Stein mit der entsprechenden Wirkung gibt oder einer der Steine Ihnen gerade dann speziell auffällt. Es hat sich gezeigt, daß diese Steine auf Ihren Träger besonders stark wirken. Dabei können Sie auch "Ihre" Ausgleichsteine miteinbeziehen.

Grundsätzlich wäre noch zu sagen: Versuchen Sie nichts zu erzwingen! Gehen Sie soweit Sie möchten, aber nicht weiter, als Sie können. Achten Sie auch die scheinbar kleinen Gewinne und Erkenntnisse, denn oft bringen gerade jene Sie weiter als die spektakulärsten Erlebnisse.

Die momentane Situation – Das "Sterne und Steine"-Orakel

Das Geburtshoroskop zeigt die Stellung der Gestirne zum Zeitpunkt der Geburt. Es stellt damit grundlegende Charaktereigenschaften eines Menschen dar. Es ist die Basis, von der man ausgeht, doch das Leben geht weiter. Man selbst entwickelt sich, und auch die Sterne bleiben nicht stehen, sondern ziehen weiter ihre Kreise am Himmel.

Die Astrologie hat verschiedenste Methoden entwickelt, um diese Entwicklung und die Situationen und Aufgaben, mit denen man im Laufe seines Lebens konfrontiert wird, darzustellen und zu deuten. Für Astrologen sei hier darauf hingewiesen, daß natürlich z.B. Transite und Progressionen ebenfalls in die Arbeit mit Steinen einbezogen werden können.

Doch das soll nicht Thema dieses Kapitels sein, denn auch für astrologische Laien bietet das System der Zuordnungen eine interessante und einfache Möglichkeit, die momentane Lebenssituation darzustellen und zu deuten.

Machen Sie sich dazu noch einmal die Bedeutung der einzelnen Planeten klar, wie sie im Kapitel "Grundlagen der Astrologie" dargestellt wurden. Sie können sich zuerst auf die sieben persönlichen Planeten beschränken und später, wenn Sie geübter sind, auch Uranus, Neptun und Pluto miteinbeziehen.

Breiten Sie Ihre Steine vor sich aus. Sie können alle Steine verwenden, die in den Zuordnungen aufgeführt sind. Setzen Sie sich möglichst entspannt hin, und schließen Sie die Augen. Konzentrieren Sie sich auf einen Planeten oder sein Symbol, und wählen Sie mit geschlossenen Augen, indem Sie mit der linken Hand die Steine "abspüren", einen von ihnen für diesen Planeten aus. Gehen Sie dann zum nächsten Planeten, bis Sie für jeden einen Stein gefunden haben.

So können Sie sich mit Hilfe der Steine, ohne Tabellen und Berechnungen, Ihr eigenes, der momentanen Lebenssituation entsprechendes Edelsteinhoroskop stellen:

Der Stein der Sonne (und zusätzlich die Dekade, der er zugeordnet ist) stellt dabei dar, wie Sie Ihr Ich momentan nach außen hin ausdrücken, womit Sie sich gerade bewußt identifizieren oder auch, welche Qualität die momentane Quelle Ihrer Kraft darstellt.

Der Stein des Mondes stellt dar, wie Sie sich im Moment selbst empfinden, Ihre Gefühlswelt, Ihre emotionalen Bedürfnisse und die Art Ihrer spontanen Reaktionen auf Umweltreize.

Der Stein des Merkur zeigt, wie Sie im Moment denken, lernen, kommunizieren und die Art, wie Sie Ihre Umgebung mit dem Verstand wahrnehmen.

Der Stein der Venus symbolisiert Ihre momentane Art, Beziehungen aufzunehmen und zu gestalten und welche Dinge oder Qualitäten Sie im Moment mögen oder nicht mögen. Als Frau zeigt er Ihnen die Art Ihrer sexuellen Kontakte, als Mann die Qualitäten, die Sie von Ihrer Partnerin erwarten oder die sie repräsentiert.

Der Stein des Mars zeigt Ihnen, wie Sie sich im Moment durchsetzen und behaupten und wie Sie vorgehen, wenn Sie etwas Bestimmtes erreichen wollen. Als Mann zeigt er Ihnen, wie Sie sich sexuell ausdrücken, als Frau die Qualitäten, die Ihr Partner repräsentiert oder die Sie von ihm erwarten.

Der Stein des Jupiter stellt Ihre momentanen Ziele dar, was Sie glücklich machen würde oder glücklich macht. Er zeigt, wo Sie Erfolge haben können, haben möchten oder haben.

Der Stein des Saturn zeigt die Schwierigkeiten, die Sie im Moment am meisten belasten. Er zeigt, woran Sie ausdauernd und diszipliniert arbeiten müssen.

Die Steine, die Sie nun intuitiv ausgewählt haben, stellen in ihrer Wirkung und Zugehörigkeit zu einer bestimmten Dekade Qualitäten dar, die potentiell momentan für Sie zur Verfügung stehen. D.h., entweder Sie bringen sie im Moment stark zum Ausdruck, Sie möchten sie gerne stärker zum Ausdruck bringen oder Sie wehren sich dagegen. Alle drei Möglichkeiten drücken aus, daß diese Steine und die mit ihnen verbundenen Qualitäten zur Zeit eine besondere Bedeutung für Sie haben.

Je nachdem können Sie die ausgewählten "Planetensteine" verwenden, um den Ausdruck eines Planeten oder einer bestimmten Qualität zu verstärken oder mit den der Dekade entsprechenden Ausgleichsteinen einen Ausgleich zur momentanen Situation schaffen.

Fallbeispiel

Der Klient ist ein enger Mitarbeiter des Geschäftsführers eines bundesweit operierenden Unternehmens und momentan als sein Stellvertreter tätig.

Sonne: Lapislazuli, 1. Dekade Schütze

Momentan besteht ein starkes Streben nach Wahrheit und nach einem eigenen Lebensziel. Der Klient möchte seine Möglichkeiten und seinen Horizont erweitern und hat den Wunsch, seine eigene Wahrheit und seine Erkenntnisse deutlicher zum Ausdruck zu bringen. Dies ist eine Herausforderung, die sicherlich auch längst überfällige Konfrontationen mit sich bringen wird.

Der Klient ist ein sehr harmoniebedürftiger, friedliebender Mensch mit einer starken "Wasser-Betonung", dem es eher schwerfällt, seine Meinung offen zu äußern und sich damit gegenüber einem anderen zu behaupten. Allerdings spürt er, daß es jetzt an der Zeit ist, sich selbst und andere mit seinen Erkenntnissen zu konfrontieren und auch Auseinandersetzungen durchzustehen. Hier könnte ihm der Lapislazuli helfen, mehr Konfrontationsfähigkeit zu entwickeln und ihm seine Aufgabe erleichtern.

Mond: Achatgeode, Ausgleichstein für den Fisch

Die Achatgeode steht für ein tiefes, emotionales Bedürfnis nach Schutz und Geborgenheit. Sie symbolisiert den Wunsch nach Rückzug, Ruhe und einer stabilen Basis, auf der man aufbauen kann.

Die gewählte Geode erscheint tatsächlich wie eine kleine Höhle, in deren Mitte ein Bergkristall wächst.

Der Klient zieht sich also im Moment häufig in sein Inneres zurück, um sich über einige Dinge seines Lebens Klarheit zu verschaffen und "Kraft zu tanken".

Er könnte nun diesen Achat verwenden, um mit einem inneren Gefühl von Sicherheit und Stabilität die anstehenden Aufgaben zu bewältigen.

Merkur: Schwarzer Turmalin in Quarz, Steinbock

Der Klient hat momentan "viel im Kopf" und steht unter Streß. Er ist für sein Empfinden zu vielen Anforderungen und Ansprüchen ausgesetzt und kann sich schwer davon freimachen und entspannen. Die unterschiedlichen Dinge, mit denen er sich beschäftigen muß und die zu organisieren sind, "verfolgen" ihn auch in seiner Freizeit und machen es ihm schwer, seine gewohnte Ordnung aufrechtzuerhalten.

Der Turmalinquarz kann ihm hier helfen, sich von eigenen und fremden Ansprüchen freizumachen, gedanklich flexibler zu werden, Prioritäten zu setzen und seine Arbeit zu tun, ohne Unmögliches von sich selbst zu verlangen.

Venus: Rosa Achat, Ausgleichstein für den Fisch

Der Klient erwartet im Moment von seiner Partnerin, daß sie voll und ganz hinter ihm steht und ihn unterstützt. Er wünscht sich von ihr Sicherheit und Geborgenheit, eine Atmosphäre, in der er sich ausruhen und erholen kann.

Mars: Amethyst, 3. Dekade Jungfrau

Der Klient arbeitet genau, wohlüberlegt und zuverlässig. Er bemüht sich um ein detailliertes Verständnis dessen, was er tut und wie er seine Ziele am leichtesten erreicht. Sein Handeln ist der Situation angepaßt und frei von persönlichen Erwägungen.

Er wünscht sich allerdings, nach seiner eigenen Aussage, mehr Zeit und Ruhe, um seine Aufgaben gewissenhaft erledigen zu können und auch seine persönlichen, geistigen Ziele zu verfolgen. Um dies und die Anforderungen seiner Arbeit besser zu verbinden und seine Effektivität zu steigern, kann er den Amethyst verwenden.

Jupiter: Bergkristall, 1. Dekade Steinbock

Das Ziel des Klienten ist Reinheit und Klarheit. Er wünscht sich mehr Energie, um seine Ziele zu verwirklichen, und mehr Standfestigkeit. Er strebt danach,

Ordnung und klare Strukturen in seinem Leben und an seinem Arbeitsplatz zu schaffen, um ein gesundes Wachstum zu ermöglichen. Er sucht nach einfachen und pragmatischen Lösungen, die sein Leben und das anderer vereinfachen, so daß jeder an seinem Platz effektiver wird und sein Bestes geben kann.

Saturn: Rauchquarz, 3. Dekade Stier

Die momentane Schwierigkeit des Klienten ist, sich mit den materiellen Realitäten und Notwendigkeiten auseinanderzusetzen. Es fällt ihm schwer, den Belastungen des Alltags gewachsen zu sein, und es kostet ihn große Disziplin und Überwindung, die ihm auferlegte Verantwortung zu tragen. Er leidet im Moment an starken Rückenschmerzen im Lendenwirbelbereich, die dies auf Körperebene ausdrücken.

Der Rauchquarz kann ihm helfen, diese für ihn schwierige Zeit leichter zu überstehen und daran zu wachsen. Er kann auch auf die Schmerzstelle aufgelegt werden, um die Beschwerden zu lindern.

Zusammenfassung

Beim Klienten herrscht momentan ein starker Saturneinfluß vor:

- Lapislazuli/Schütze entspricht der Saturnstellung im Horoskop des Klienten.
- Schwarzer Turmalin in Quarz ist als Ausgleichstein (Schwarzer Turmalin) und in der 1. Dekade (Bergkristall, Quarz) dem Saturnzeichen Steinbock zugeordnet.
- Bergkristall ist der 1. Dekade des Saturnzeichens Steinbock zugeordnet.
- Rauchquarz ist der Saturndekade des Stiers zugeordnet.

Somit stellt diese Zeit dem Klienten die Aufgabe, sich mit den materiellen Realitäten und Schwierigkeiten auseinanderzusetzen, sich zu überwinden und das zu tun, was getan werden muß. Dabei muß er seine eigenen Erkenntnisse in die Tat umsetzen, sie so an der Realität überprüfen und mit ihr in Einklang bringen.

Schlußbemerkung

Dies sind nur einige der möglichen Anwendungen der Astrologie und Edelsteinheilkunde, wie sie in diesem Buch in ihren Zusammenhängen dargestellt wurden. Vieles ist gesagt worden, und vieles ist ungesagt geblieben. Wenn Sie sich näher mit beiden oder einem von beiden Themen befassen möchten, finden Sie im Anhang weiterführende Literatur, die auch ich für meine Studien verwendet habe.

Ich hoffe, ich konnte Ihnen Einblicke vermitteln in die vielfältigen Verbindungen und Zusammenhänge zwischen dem menschlichen Leben, der Natur und dem Kosmos und die konkrete Anwendbarkeit dieses Wissens. "Wissen muß anwendbar sein und konkrete Wirkungen zeigen", würde der Steinbock hier sagen, und der Löwe würde anmerken: "Spielen Sie damit. Das Leben ist ein Spiel mit unendlichen kreativen Möglichkeiten, die nur darauf warten, von uns ausgeschöpft zu werden."

In diesem Sinne wünsche auch ich Ihnen viel Spaß mit Sternen und Steinen.

Anhang

Die astrologischen Symbole

♈	Widder	☉	Sonne
♉	Stier	☽	Mond
♊	Zwilling	☿	Merkur
♋	Krebs	♀	Venus
♌	Löwe	♂	Mars
♍	Jungfrau	♃	Jupiter
♎	Waage	♄	Saturn
♏	Skorpion	♅	Uranus
♐	Schütze	♆	Neptun
♑	Steinbock	♇	Pluto
♒	Wassermann		
♓	Fische		

Alphabetische Liste aller beschriebenen Edelsteine

Literaturverzeichnis

Gerhard Leibold, ***Gesund und fit durch Mineralstoffe,*** Hädecke Verlag
Heinz Scholz, ***Mineralstoffe und Spurenelemente,*** Trias
Bertram, ***Spurenelemente,*** Urban & Schwarzenberg

Mineralogie und Steinheilkunde:
Amandus Korse, ***Edelstein Essenzen,*** Groene Toermalijn, Hoogland 1988
Jane Anne Dow, ***Das praktische Handbuch der Edelstein- und Kristalltherapie,*** Ansata, Interlaken 1993
Hildegard von Bingen, ***Das Buch von den Steinen,*** Otto Müller Verlag, Salzburg 1979
Michael Gienger, ***Steinheilkunde-Informationen,*** Karfunkel, Wüstenrot
Michael Gienger, ***Heilsteine von A-Z,*** Osterholz Verlag, Ludwigsburg 1996
Michael Gienger, ***Die Steinheilkunde,*** Neue Erde Verlag, Saarbrücken 1995
Schuhmann, ***Edelsteine und Schmucksteine,*** BLV Bestimmungsbuch, München 1994
Rudolf Rykart, ***Quarz Monographie,*** Ott Verlag, Thun 1989
Dietrich / Skinner, ***Die Gesteine und ihre Mineralien,*** Ott Verlag, Thun 1984

Astrologie:
Jean-Claude Weiss, ***Horoskopanalyse Bd.1+2,*** Verlag Astrodata, Wettswil 1992
Hans Hinrich Taeger, ***Astroenergetik,*** Knaur, München 1989
Dane Rudhyar, ***Die astrologischen Zeichen,*** Kailash, München 1983
Stephen Arroyo, ***Astrologie, Psychologie und die vier Elemente,*** Hugendubel, München 1982
Banzhaf/Haebler, ***Schlüsselworte zur Astrologie,*** Kailash, München 1984
Ursula Fassbender, ***Intuitive Astrologie,*** Heyne, München 1991
Klein/Dahlke, ***Das senkrechte Weltbild,*** Hugendubel, München 1986
Klein, ***Glück und Selbstverwirklichung im Horoskop***, Kailash, München 1994

Adressen

Informationen, Erfahrungsaustausch, Veranstaltungen:

Steinheilkunde e.V.
Dr. Gerald Rollet
Steinstr. 7
D-70173 Stuttgart

Astrologische Berechnungsdienste:

Astrodata
Albisriederstr. 232
CH - 8047 Zürich

Stern-Daten:

Barbara Newerla
Astrologische Beratung & Edelsteinberatung
Schleichersrain 7
D-71543 Stangenbach

Anmerkung zu den, im selben Verlag erschienenen "Sternzeichenkärtchen"

Außer den hier beschriebenen Dekaden- und Ausgleichsteinen können jedem Tierkreiszeichen einige weitere Steine zugeordnet werden (siehe auch S. 32, "Die Dekadensteine"). Sie stehen dann jeweils für weitere Aspekte und charakteristische Merkmale dieses Zeichens. So entspricht dem Löwen, neben den im Buch besprochenen Steinen, auch das Tigerauge.
Bei den Sternzeichenkärtchen wurde im Fall des Löwen ausnahmsweise das Tigerauge anstatt der im Buch aufgeführten Steine gewählt, da es als einziger "Löwenstein" in ausreichender Menge und zu einem vertretbaren Preis zur Verfügung steht.

Die Autorin

Barbara Newerla beschäftigt sich seit ihrem 17. Lebensjahr mit Astrologie und seit 1989 mit der Steinheilkunde. Sie studierte verschiedene traditionelle Heilweisen Europas, Asiens und Amerikas und durchlief eine sechsjährige spirituelle Schulung in Europa. Schon immer forschte sie nach dem Verbindenden, Gemeinsamen der verschiedenen Traditionen und Wege, bei ihrer Suche nach der zeitlosen Wahrheit jenseits aller Dogmen. 1990 gründete sie mit Michael und Anja Gienger den auf Heilsteine spezialisierten Karfunkel-Mineraliengroßhandel und arbeitet seit 1993 als freie Astrologin und Seminarleiterin.

Mineralien-karten

Michael Gienger, Steinheilkunde
Barbara Newerla, Astro-Steinheilkunde
Dr. Jens Schmidt und Marco Schreier, Mineralogie
Wolfgang Dengler, Fotografie

Die künstlerisch schön gestalteten Fotografien der Mineralienkarten zeichnen sich durch stimmungsvolle Aufnahmen der Mineralien und Edelsteine in einer lebendigen und natürlichen Umgebung aus. Auf der Rückseite finden sich in übersichtlicher Darstellung alle wesentlichen mineralogischen Daten, Hinweise zur Entstehung und zum Erscheinungsbild, Vorkommen und Hauptlieferländer, Wirkungen und Indikationen aus der Steinheilkunde und die astrologische Zuordnung.

Achat

Landschaftsjaspis

Mookait

Turmalin

Malachit

Die Mineralienkarten eignen sich gleichermaßen zum Lernen, zum Betrachten und Verschenken.

Die Karten sind einzeln und als komplettes Set mit 86 Karten in einer attraktiven Geschenkverpackung erhältlich.

Empf. Laden-VK 86er Set 86,00 DM; einzeln 2,00 DM

86er Set ISBN 3-9804503-1-7

Michael Gienger
DIE
STEIN
HEIL
KUNDE
Ein Handbuch
Mit Fotos von
Ines Blersch
Neue Erd

Michael Gienger
LEXIKON DER
HEILSTEINE
von Achat bis Zoisit

„Heilsteine und Sternzeichen"

Barbara Newerla, Anja und Michael Gienger

Das Poster ermöglicht einen schnellen Überblick über alle Dekaden der jeweiligen Tierkreiszeichen samt entsprechender Steinzuordnung, wobei sowohl Qualitäten hervorhebende, als auch Schwächen ausgleichende Steine ihre Erwähnung finden.

Format: 436 mm x 620 mm
Empf. LVK 19,80 DM

Format: A4
kartoniert und folienkaschiert
Empf. LVK 9,80 DM

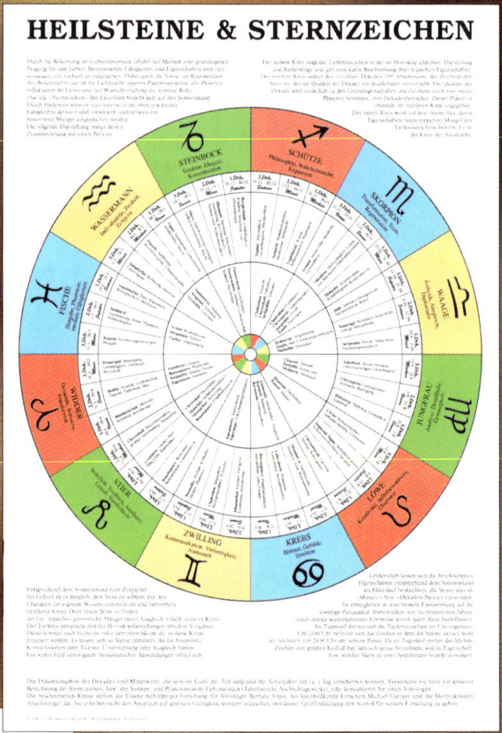

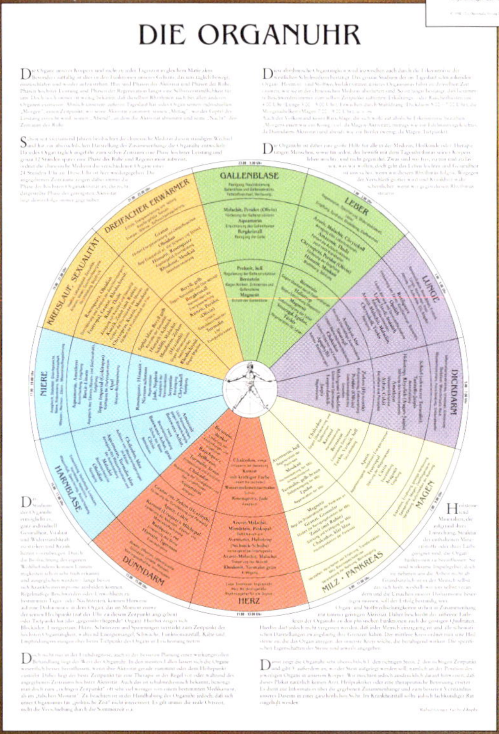

„Die Organuhr"

Michael Gienger, Gerhard Kupka

Die Organuhr gibt einen schnellen Überblick über die Organsysteme des Körpers und die entsprechenden geistigen Qualitäten.

Jedem Organ sind Heilsteine zugeordnet, die auf dieses System anregend oder beruhigend wirken. Die Wirkung des einzelnen Steins wird zudem stichwortartig beschrieben. Der ebenfalls angegebene Zeitpunkt höchster Aktivität jedes Organs, kann eine hervorragende Hilfe zur heilkundlichen Diagnose und Therapie sein.

Format: 436 mm x 620 mm
Empf. LVK 19,80 DM

Format: A4
kartoniert und folienkaschiert
Empf. LVK 9,80 DM